宮城学院に連なる人々

ドイツ改革派の理念の継承

佐々木哲夫◉編著

教文館

はじめに――学院の土台

佐々木哲夫

宣教師来日に伴って明治期の日本各地にキリスト教学校が数多く設立され、それらの学校名に少なからず「学院」や「女学院」が用いられた。「学院」は中国語では単科大学（カレッジ）を意味するが、今日の日本語では総合大学をも意味する。学校名の英語表記に gakuin を付記している。

宣教師たちの有していた理念を基盤として創立されたキリスト教学校では、特に、創立の理念や教育の目標を「建学の精神」や「スクール・モットー」として表現し重要視してきた。それらはまさに建物を支える土台のように学校の存立や伸展の要になっている。「建学の精神」や「スクール・モットー」は、学校の歴史や伝統によって様々に表現されるが、そこに通底している価値観は共通である。左記のイエスの言葉が想起される。

「そこで、わたしのこれらの言葉を聞いて行う者は皆、岩の上に自分の家を建てた賢い人に似ている。雨が降り、川があふれ、風が吹いてその家を襲っても、倒れなかった。岩を土台としていたからである。わたしのこれらの言葉を聞くだけで行わない者は皆、砂の上に家を建てた愚かな人に似ている。雨が降り、川があふれ、風が吹いてその家に襲いかかると、倒れて、その倒れ方がひどかった」。イエスがこれらの言葉を語り終えられると、群衆はその教えに非常に驚いた。彼らの律法学者のようにではなく、権威ある者としてお教えになったからである。

（マタ七・二四―二九）

「山上の垂訓」とよばれる説教の最後の部分で、内容は簡潔である。家を建てた二人の人物の譬えである。一方は、岩を土台として家を建てる賢い人で、イエスの説教を聞いてそれを行う人のことである。他方は、砂上に家を建てた愚かな人で、イエスの言葉を聞くだけで行わない人のことである。

イスラエルでは地震はほとんどない。また、家は石を素材とした構造のゆえに風雨に強く、岩地でも砂地でもそれほど問題はない。岩はイスラエルの人々が慣れ親しんでいる比喩でもある。旧約聖書に次のような記載がある。「主のほかに神はない。神のほかに我らの岩はない」（サム下二二・三二）。すなわち、イエスが語った喩えが信仰生活の土台を示していることを人々は容易に理解したと思われる。ところが、聖書は「群衆はその教えに非常に驚いた」と記している。なぜ群衆は非常に驚いたのか。聖書は続けて「律法学者のようにではなく、権威ある者としてお教えになったから」と記す。人々は、イエスの語った話の内容というよりむしろ語り手であるイエスに驚いたのである。群衆は、イエスが旧約聖書の記す「岩」すなわち「神」であることを感じ取って驚いたのである。のちに使徒パウロは手紙の中で「この岩こそキリストだったのです」（Ｉコリ一〇・四）と証言している。

イエスの言葉を聞いてそれを行う人は賢い人と呼ばれた。一八八六年、合衆国ドイツ改革派教会は、イエス・キリストを土台として二つのキリスト教学校、宮城学院と東北学院を仙台に設立した。一世紀余を経過した今日において創立当時の理念はどのように継承されているだろうか。本書は、「建学の精神」や「スクール・モットー」を視座に創立理念の継承を概観しようと試みるものである。キリスト教学校も、岩であるイエス・キリストの上に建てる賢い者でありたいと願うのである。

目次

装　幀　熊谷博人

聖書書名略記一覧（参照されている書のみ）

サム下　サムエル記下
ヨブ　ヨブ記
詩　詩編
箴　箴言
コヘ　コヘレトの言葉

マタ　マタイによる福音書
マコ　マルコによる福音書
ルカ　ルカによる福音書
ヨハ　ヨハネによる福音書
ロマ　ローマの信徒への手紙
ガラ　ガラテヤの信徒への手紙
Ⅰコリ　コリントの信徒への手紙一
ヤコ　ヤコブの手紙
黙　ヨハネの黙示録

1　理念の継承――ドイツ改革派教会と宮城学院

佐々木　哲夫

創立の理念

学舎創立の理念を短い言葉で表現したものがスクール・モットーである。例えば、紀元前四世紀にプラトンによって設立された哲学学校アカデメイアの門戸には「幾何学を学ばざる者は入門を許さず」の言葉が掲げられていたとの伝承がある。[1] アカデメイアでは、幾何学、天文学、理論音楽などの数学的諸科学が哲学研究の予備知識として求められた。体育訓練を含む長期の教養課程を修めた者に哲学の学びと研究が許されたのである。アカデメイアは、五二九年に東ローマ皇帝ユスティニアヌスの勅令によって閉鎖されるまで続いた。この年は、ベネディクトゥスがカッシーノ山に修道院を建てた年でもある。

その後一〇〇〇年ほど経過した一五五九年、スイスのジュネーブに伝道者や聖書教師養成のために神学と哲学を修めるジュネーブ学院（現在のジュネーブ大学）が創設された。宗教改革者カルヴァンの起草した神の栄光のために奉仕する学舎である。開校当初各国からの正規聴講生約九〇〇人が入学したという。学院入口には「主を畏るるは知恵の始めなり」の聖句が刻まれていた。[2] カルヴァンは「主を畏れる」について「さて、主を恐れる恐れであるが、これがすべての聖徒たちにそなわるものであることは、聖書のいたるところに証言されていて、あるところでは『知恵』そのものであると言われている」（詩一一一・一〇、箴一・七、一五・三三、ヨブ二八・二八）と記している。[3]「主を畏るるは知恵の始めなり」の聖書出典箇所として『キリスト教綱要』では箴言一章七節が三回、箴言九章一〇節および一五章三三節が各一回記されている。[4] 興味深いことに、箴言九章一〇節ではなく箴言一章七節を繰り返し出典箇所としている。それゆえ、ジュネーブ学院入口の「主を畏るるは知恵の始めなり」の聖書出典箇所を箴言一章七節と想定することは妥当である。しかし、この箴言一章七節については考慮すべきことがある。箴言一章七節は、以下のように邦訳されている。

エホバを畏るるは知識の本なり、
愚なる者は智慧と訓誨とを軽んず。[5]（文語訳）

主を恐れることは知識のはじめである
愚かな者は知恵と教訓を軽んじる。（口語訳）

主を畏れることは知恵の初め。
無知な者は知恵をも諭しをも侮る。（新共同訳）

主を畏れることは知識の初め。
無知な者は知恵も諭しも侮る。（聖書協会共同訳）

当該箇所のマソラ本文（*Biblia Hebraica Stuttgartensia*）は、前半の傍線部を *dāʿaṯ*（知識）、また後半の傍線部を八節における「知恵」と邦訳されている語のマソラ本文は *hokmâ* である。すなわち、箴言一章七節前半部の直訳は「主を畏れることは知識（*dā'aṯ*）の初め」となる。なぜ、カルヴァンは「主を畏るるは知恵の始めなり」の聖句出典として箴言九章一〇節ではなく箴言一章七節を挙げたのであろうか。

『キリスト教綱要』冒頭に記されたフランス国王フランソワ一世献呈の辞の日付は一五三六年八月一日である。前年の一五三五年には『キリスト教綱要』を書き上げていたと考えられる。カルヴァン二六歳の年である。身辺の多忙さのゆえであろうかラテン語初版の母語フランス語版は刊行されなかった。フランス語版は『キリスト教綱要』ラテン語第二版（一五四一年）以降である。カルヴァンは、オルレアン大学在学時にヴォルマール教師からギリシア語聖書研究を学んだ。ヴォルマールは旧約聖書を学ぶ努力をしていた。ブルージュ大学転学卒業後、王立教授団のヴァッタブルからヘブル語を学び、独学でタルグムなどの学びをした。一五三四年、カルヴァン回心経験の翌年にテクストゥス・レセプトゥスやヘブル語原典に基づくルタードイツ語訳聖書未製本完全原稿が提示された。ルターは、最後の修正を一五四五年に施している。[7] 他方、一五四五年にはヘブル語原典を底本とするオリヴェタン仏訳聖書も出版されている。カルヴァンは、一五三五年バーゼルで刊行されたミュンスター版ヘブル語原典、タルグム（アラム語註解）、七〇人訳（ギリシア語訳）[8]、ヴルガタ（ラテン語訳）[9]などを参照していたと想定される。[10] カルヴァンが、ヘブル語原典の釈義に基づくイザヤ書や創世記や詩編の註解書を発行するのは一五五二年以降のことである。『キリスト教綱要』を執筆した頃は、ヘブル語原典による聖書解釈黎明の頃であり、七〇人訳旧約聖書やラテン語訳ヴルガタをヘブル語原典と同等に引照していたと想定される。七〇人訳とラテン語訳はともに箴言一章七節前半部を「主を畏れることは知恵の初め」と訳出しており、カルヴァンは「主を畏れることは知恵の初め」の聖書出典箇所として箴言一章七節を挙げることに違和感がなかったものと推察される。

今日の日本においても創立の理念が掲げられている事例がある。例えば、国立国会図書館東京本館のホールに日本国憲法制定時の憲法担当国務大臣で国立国会図書館初代館長の金森徳次郎筆跡による「真理がわれらを自由にする」が掲げられている。これは、国立国会図書館法前文「真理がわれらを自由にするという確信に立って、憲法の誓約する日本の民主化と世界平和とに寄与することを使命として、ここに設立される」との創設の理念から引用されたものである。因みに、「真理がわれらを自由にする」は、ヨハネ福音書の「あなたたちは真理を知り、真理はあなたたちを自由にする」（ヨハ八・三二）と共鳴する。

ドイツ改革派教会と海外宣教

一五四六年、ドイツ南西部プファルツ選帝侯フリードリッヒ三世はルター派を採用したがその後カルヴァンの聖餐論を採用し、一五六三年にはドイツ語ハイデルベルク信仰問答を発布するなど信仰の一致を図った[11]。他方、一七世紀末頃、ドイツ人やドイツ系スイス人の農夫や労働者たちは信仰の志をもってペンシルベニアに移住しフィラデルフィア近郊にジャーマンタウンを拓いた。一七二〇年代にはドイツ人改革派教会の群れが形成されフィラデルフィアに教会堂を得ている。M・シュラッターを牧師に迎えたドイツ改革派教会は教派の群れをさらに成長させ、一七七四年には三〇〇〇席を擁する大会堂を建てた。やがて、ドイツの伝統を継承する神学校が創設され、一八四三年新進気鋭の神学者フィリップ・シャフがマーサーズバーグの合衆国ドイツ改革派神学校教授に着任した。前年に出版された『アンクシャス・ベンチ』の著者J・ネヴィンの協働者としてマーサーズバーグ神学を先導することになる。ドイツ語で行われたシャフの就任演説は翌年ネヴィンによって英訳され『教会の現状に関わるプロテスタンティズムの原則』の書名で出版された。神学校は、一八七一年、ランカスターの地に最終的に移転しランカスター神学校と称された。このように合衆国ドイツ改革派教会の群れは、ドイツでのハイデルベルク信仰問答を告白する信仰を継承しつつ成長した。

一八二六年合衆国ドイツ改革派教会全国総会は、アメリカ伝道協会を創設し、翌年外国伝道局を発足させた。南北戦争、マーサーズバーグ神学論争、アメリカ外国伝道協会からの離脱などの混迷によって長期間停滞していた外国伝道局は、一八七三年、外国伝道活動開始のために刷新され、伝道候補地として日本を選択した。一八七八年日本派遣宣教師第一号としてA・グリングを選出した。グリング宣教師は、翌一八七九年六月に夫妻共々横浜に到着し、日本での活動を開始した。一八八三年には二人目の宣教師J・モールが夫妻で来日し活動を活発化させた。元大工町教会設立、番町教会礼拝開始、越谷伝道など目覚ましい成果を挙げた。一八八五年四月グリングは、合衆国オランダ改革派教会宣教師バラと出会い、三人目の宣教師の活動地として仙台を紹介される。また、ちょうど上京していた仙台教会牧師押川方義とも会い協力関係を約束した。ランカスター神学校を六月に卒業したばかりのW・ホーイは、合衆国ドイツ改革派教会派遣三人目の宣教師按手を一〇月一五日に受け、一二月一日には横浜に到着した。翌一八八六年一月六日の在日宣教師団会議は仙台での学校設立を決定し、同月一三日に早くもホーイは仙台に着任している。

一八八四年ミセス・グリングは二人の女性宣教師を日本に派遣するようにとの強い訴えを外国伝道局に書き送った。この訴えは公表され、数名の女性が応募した。一八八五年四月、外国伝道局は、公立高校の教員をしていたE・プールボーと師範学校を卒業したばかりのM・オールトを女性宣教師に選出した。一八八四年外国伝道局は、一人の宣教師の募集をも発表していた。それに応じたのが一八八二年に既に宣教師になることを決心していたホーイだった。彼は神学校での学びの後直ちに日本に向け出発したのである。ホーイと押川は、一八八六年五月に木町通りと北六番丁角の借家に六人の生徒を集め、仙台神学校の講義を始めた。既に、同一〇月一一日清水小路に開校された新島襄の宮城英学校（東華学校）に男子普通教育の道を譲っていたのである。

外国伝道局は女子教育の学校設立を期し、それまで財政難のため派遣延期をしていた女性二人の宣教師を派遣することにした。二人は、一八八六年六月一日ペンシルベニア州ハリスバーク市セイラム改革派教会での送別礼拝後、三日には日本に向け出発した。七月二日横浜港に着き、女子学校設立候補地でもあった東京築地などを視察した。外国伝道局の意向を踏まえ熟考のすえプールボーはかねてよりホーイからの強い招聘のあった仙台を女子学校設立の地と決め、横浜から荻ノ浜・塩釜の海路経由で七月一六日仙台に着任したのである。[12] 一八八六年九月一八日に松平正直宮城県知事より女学校設立が認可された。この日をもって宮城女学校が設立されたのである。[13] 申請人は押川方義、校長はプールボー、教員はプールボーとオールトの二名だった。最初の生徒数一〇名はすぐに一六名に増え、仙台における女子教育の重要性が外国伝道局に逐次報告された。キリスト教に対する時勢変容に伴い一八九一年三月東華学校が閉校となり、入れ替わるように一八九一年九月一一日東北学院設置が認可された。東北学院設置申請者は押川方義、初代院長押川方義、副院長にW・ホーイが就任した。

このように宮城女学校と東北学院（仙台神学校）は、ハイデルベルグ信仰問答に告白された信仰を基盤とする合衆国ドイツ改革派教会の祈りと経済的援助によって創設されたのである。宣教師たちはドイツ改革派教会の信仰に養われ、献身し、その生涯を送った。

例えば、プールボーは、宮城女学校第一回卒業生四名を送り出した一八九三年六月、使命を果たした区切りとして校長職を辞しアメリカに帰国した。彼女は、同年一一月二日マーサーズバーグ中会に属する牧師サイラス・コート師と結婚し、その後牧師夫人として献身的に教会に仕えた。コート師の死から七年後、一九二七年四月二六日にプールボーは家族に見守られ波乱に満ちた七三歳の生涯を閉じた。[14]

他方、オールトは、宮城女学院着任の翌年一八八七年七月にその働きの場を女学校教師から宣教師夫人としての働きに移し、ホーイと婚約し、一二月二七日に東京で結婚した。ホーイは、一八九二年に開かれた東北学院開院式に理事長として演説を行い「もしもキリスト教的な声が聞かれなくなり、キリスト教的影響がこれらの建物の中で支配的でなくなることがあるならば、破滅の手よ、すべての煉瓦を引き倒して、塵と化せしめんことを……」と述べ、宣教師スピリットを開陳している。やがて、次第に押川との確執が深刻化し、健康上の理由もあり最終的にホーイは東北学院を辞職する。[15] 一八九九年四月ホーイ夫妻は、中国に向かって日本を離れる。一九二七年帰米途中の船上で病死するまでホーイは中国伝道に専心従事するのである。その後のホーイ夫人のオールトは、長女ガートルドとともに再度中国に渡り、湖南省にホーイが残した学校と教会の事業に従事し、一九三五年一二月五日七四歳の生涯を閉じている。

マーサーズバーグ神学は、様々な形で宣教師たちに影響を与えた。グリング宣教師とモール宣教師の間の宣教方策に関する摩擦や、グリング宣教師が帰国後に英国国教会に移籍し再度宣教師として来日し平安女学院や京都の聖公会教会の創設に成果をあげたことが挙げられる。また、一八八七年に来日し、第二代東北学院院長として五〇年間にわたり学生の宗教教育を牽引した合衆国ドイツ改革派教会派遣六人目の宣教師D・シュネーダーは、一九三三年の日本基督教学校教育同盟夏期学校主題講演『学生の宗教運動』において「オックスフォード運動はキリスト教の近世史を飾るまことに麗しい青年運動、学生運動の長い行列の先頭に立つもの」と賛辞を述べている。[16]

既述のとおり、仙台における宮城女学校と仙台神学校（東北学院）は、横浜公会や新潟の医療宣教師T・パームとつながる日本基督一致教会仙台教会牧師押川方義、合衆国ドイツ改革派教会外国伝道局派遣宣教師たちの働きによって創設されたのである。さらに正確に表現するならば、東北学院第八代院長田口誠一の言葉「創立者ではなく創立者たちが有していたキリスト教信仰を土台として創設された」のとおり、彼らが有していた信仰こそが学院創設の土台であり建学の理念だったのである。それが宮城学院と東北学院においてどのように継承されているかさらに概観する。

聖句とモットー

「Glory to God」

宮城女学校第一校舎講堂正面に掲げられていた聖句である。[17] 第一校舎とは、一九〇二年に火難で失った創立時の校舎（一八八九年献堂）を一九〇四年に再建した校舎のことである。建築総監督のW・ランペ宣教師は、献身的で信仰的な仕事ぶりを発揮し、工期と予算の節減に努めて完成させた。合衆国改革派教会外国伝道局長による一九〇五年の報告において、第一校舎講堂は large chapel と紹介されている。[18] 講堂では、聖書が読まれ賛美歌が歌われ、様々の式典が執り行われた宮城女学校中枢の場所だった。その正面に刻まれていたのが「Glory to God」だった。

「Glory to God」は、アブラハム（ロマ四・二〇[19]）や天の大軍（ルカ二・一四[20]）による賛美の句であり、天使による「神を畏れ、その栄光をたたえなさい」との命令に現れる句である（黙一四・七[21]）。また、カルヴァン神学の要約である「五つのソラ」の一つの「ソリ・デオ・グロリア」（Soli Deo gloria）、すなわち「神の栄光のみ」（神にのみ栄光を）やヨハン・セバスティアン・バッハのほとんどの自筆譜の最後に記された「SDG」が想起される。「Glory to God」は合衆国ドイツ改革派教会の信仰を象徴していると推察される。

今日「Glory to God」は、『宮城学院教職員礼拝説教集』の表紙を飾り、また宮城学院広報誌の誌名にもなっている。さらに、旧制二高の教授を務め大正年間に宮城女学校専攻科で英文学を講じた土井晩翠[22]作詞の宮城学院校歌の冒頭句「天にみさかえ、地に平和」と共鳴し、宮城学院寄付行為前文「神を畏れ敬い、自由かつ謙虚に真理を探究し、隣人愛に立ってすべての人の人格を尊重し、人類の福祉と世界の平和に貢献する女性を育成する」に見られる宮城学院「建学の精神」に通底している。

宮城学院創立の理念は、全学礼拝、学院礼拝、教授会開会礼拝、キリスト教（宗教学）講義などが形成する

「全学に漂う雰囲気」として継承されてきた。[23] この雰囲気は、ホーイ宣教師の既述の言葉「キリスト教的な声……キリスト教的影響がこれらの建物の中で支配的……」の具体化である。[24] 創立の理念は、二〇〇〇年七月一八日の理事会において宮城学院の「建学の精神」およびスクール・モットー「神を畏れ、隣人を愛する」として成文化され制定された。[25] 聖句引用については、「神を畏れ」が箴言九章一〇節、「隣人を愛する」がマルコ福音書一二章三一節とされている。[26] 前者については既に論述したとおりで、後者の「隣人を愛する」は、新約聖書において九回記載されており、いずれもレビ記一九章一八節に基づいたものである。[27] 創立の理念は今日の宮城学院に伸展している。

「地の塩、世の光」

建学の理念は、他方、東北学院では聖書の言葉をキャンパス内に掲げることによって継承された。例えば、箴言一章七節（中央図書館）、Ｉコリント八章一節（九〇周年記念館）、マルコ福音書一〇章四四節（押川会館）などである。[28] なかでも「地の塩、世の光」（マタ五・一三―一六）は、教職員在学生のみならず卒業生たちが自らを「地の塩の人々」と呼ぶ程の愛誦聖句である。[29] 一九三二年一月二四日の夜、教員会に全院教職員を招集したシュネーダー院長は「基督教主義学校は危機に瀕している」との演説の中で「イエスは十二の使徒に『汝等は地の塩なり』と云い、又『汝等は世の光なり』と云われた。私共は断じて遅疑逡巡してはならない」と語り、キリスト教学校教育の奮起を促している。[30]「地の塩、世の光」は、後に倉松功院長揮毫の扁額として泉キャンパス図書館入口に掲げられ、また、二〇一七年東北学院土樋キャンパスにて開催されたキリスト教学校教育同盟第一〇五回総会開会礼拝説教での聖書箇所とされた。[31]「地の塩の人々」は、この世を明るくする光でもある。「地の塩、世の光」の聖句は青山学院のスクール・モットーになり、[32] また、四国学院のユニバーシティ・モットー「Vos estis sal terrae（汝らは地の塩）」（マタ五・一三）として校章に刻まれている。[33]

「Life Light Love」

一九二二年、東二番丁に再建された東北学院中学部校舎の南正面入口真上に刻み込まれた言葉で、爾来3L精神として生徒たちの精神的シンボルになった句である。[34] 三語の組み合わせの意義、また誰が選んだものかは不明である。シュネーダー院長の手紙や公的書類に言及はない。また、「信仰、希望、愛」がⅠコリント一三章一三節を連想させるように「Life Light Love」が連想させる聖書箇所はない。話者や本文の同定が不確かな句の釈義においては、読者志向の意味を読み込まないようにする慎重さが求められる。

わずかに、日本基督教会東北中会機関誌『神と人』第一七号（一九二三年）に掲載されたシュネーダー院長による「生命《いのち》、光明《ひかり》、愛《あい》」と題した記事に「Life Light Love」の意味が暗示されている。[35] 第一は、生命について。普通の肉体的生命でなく、イエス・キリストによって現れた生命のこと。すなわち、聖書にある永遠の生命のことである。第二は、知識の光明について。普通の知識ではなく、イエス・キリストが「我は世の光明なり」と言われたその光明を所有する人格者となり、広く世に伝え永久に輝くように努める必要があると解説されている。さらに、愛についてはドラモンドの著書『世界に於ける最大のもの』[36]を参照しつつ「愛の精神に満ち溢れて、真心から奉仕を喜ぶ人物は日本の将来のため何よりも必要である」と説いている。

一九一九年の仙台大火によって壊滅した中学部校舎再建のために宣教師シュネーダーは翌年単身渡米し、合衆国ドイツ改革派教会全国総会で募金を訴えた。三年越しの辛苦を経ての再興である。その校舎正面入口真上に「Life Light Love」が掲げられたのである。三語の提案者がシュネーダー院長であるならば、手紙や公文書類に全く記録がなく『神と人』の記事にも関連聖句の言及が全くないことに違和感を覚える。しかし、シュネーダー院長以外の誰かが建築設計図面に三語掲示を提案したとしても、そこに合衆国ドイツ改革派教会の海外伝道スピリットに通じる文化的文脈が通底していたことは想定可能と思われる。合衆国ドイツ改革派教会が初期に所属していた合衆国改革派教会の機関誌 *The Missionary Guardian* の表紙に記されていた句が “LIFE, LIGHT AND

LOVE FOR THE WORLD” である。マルコ一六章一五節の併記もあり宣教師たちの矜持が暗示されている。[37]

二〇二〇年に東北学院のスクール・モットーに定められたLife Light Love の三語は、クルト・ロイバー（Kurt Reuber, 一九〇六―一九四四年）の描いた塹壕の聖母像を想起させる。[38] 牧師と医師の資格を得たロイバーは、ナチスによる一九四二年のレニングラード攻防戦に軍医として従軍させられ、その後ロシアの捕虜となりウラル地方の収容所に入れられた。その間に聖母子像を一〇〇点ほど描いている。[39] そこには、LICHT LEBEN LIEBE の三語が記されていた。ロイバーは、神秘主義を主題とした論文でマールブルク大学から神学博士号を得て、ミカエル同胞団に加入している。[40] ドイツ神秘主義に連なる敬虔的信仰を有していたと思われる。中世ドイツ神秘主義者を紹介するW・R・インゲ（W. R. Inge）の著書名が *LIGHT, LIFE, AND LOVE* であることもドイツキリスト者に通底する信仰文化的文脈への示唆を与えてくれる。[41]

以上論考してきたとおり「建学の精神」や「スクール・モットー」は多様であるが、いずれにしても創立の理念は教育機関の教育目標であり、神と人とに祝される自律自存の優れた人材を育成する教育の土台として世代を超えて継承されるべき価値観である。

（1）廣川洋一『プラトンの学園アカデメイア』岩波書店、一九八〇年、一〇四頁。

（2）シュテッケルベルガ『ただ神の栄光のために――カルヴィンの生涯』新教出版社、一九五六年、一九五頁。

（3）カルヴァン著作集刊行会『カルヴァン　キリスト教綱要』Ⅲ／1、渡辺信夫訳、新教出版社、一九六三年、五五頁。

（4）『カルヴァン　キリスト教綱要』Ⅱ、七四頁、Ⅲ／1、五五頁、Ⅲ／2、一九頁。

（5）明治元訳聖書で「エホバ」と訳出されている原語の יהוה（*yhwh*）は、神の高貴な名前であるが故にユダヤの伝統では直接音読することはせずに אֲדֹנָי（*ʾădōnāy*）の単語を代替させて朗読した。テトラグラマトン יהוה（*yhwh*）は聖書の神の固有名詞であり、אֲדֹנָי（*ʾădōnāy*）は主人を意味する普通名詞である。紀元後、マソラ学者はヘブル語子音本文に母音や句読点を付した。特に、子音本文の יהוה（*yhwh*）には、読みの אֲדֹנָי（*ʾădōnāy*）の母音を付して יְהוָה と表記し、朗読時に

は יהוה（*yhwh*）を（*ʾăḏōnāy*）と朗読した。その後、キリスト者は、יְהוָה をユダヤ伝統の読みではなく綴り通りに発音し、Yəhōwāh = Jehovah「エホバ」と音読したのである。今日の邦訳では יהוה（*yhwh*）を「主」と表記している。

（6） יִרְאַת יְהוָה רֵאשִׁית דָּעַת חָכְמָה וּמוּסָר אֱוִילִים בָּזוּ׃

（7） 因みに、*Luther Bibel 1545* の箴言一章七節前半部は、“Des HERRN Furcht ist Anfang der Erkenntnis” と独訳されている。

（8） 箴言一章七節前半部は、*Ἀρχὴ σοφίας φόβος θεοῦ.*

（9） 箴言一章七節前半部は、Timor Domini principium sapientiæ.

（10） 渡辺信夫「解題」『カルヴァン旧約聖書註解　創世記Ⅰ』新教出版社、一九八四年、七―八頁。

（11） フリードリッヒ三世は、説教者カスパール・オレヴィアーヌス（一五六〇年、二四歳）と神学者ツァハリーアス・ウルジーヌス（一五六一年、二七歳）の二人のカルヴィニストをハイデルベルクに招聘し、「ハイデルベルク信仰問答」の起草と編集にあたらせた。春名純人「解説」『改革教会信仰告白集』教文館、二〇一四年、三〇二頁。

（12） 『天にみ栄え――宮城学院の百年』宮城学院、一九八七年、二七一頁。

（13） 設置申請書に記されていた住所は東二番丁五一番地。これは、仮校舎として借用した県会議員田辺繁久所有の別邸の住所である。翌年東三番丁の土地を購入し、一八八九年には新校舎を完成させ、東三番丁の住所に移転した。『天にみ栄え』一六八頁。

（14） 『E・R・プールボー書簡集』宮城学院、二〇〇七年、二七八頁。

（15） 『東北学院百年史』東北学院、一九八九年、四五〇―四五九頁。

（16） 『シュネーダー説教集』東北学院、一九七一年、二七六頁。

（17） 『宮城学院　目で見る一二〇年』宮城学院、二〇〇六年、二一、二四、三三頁。

（18） 『天にみ栄え』三七四―三七六頁。

（19） *δοὺς δόξαν τῷ Θεῷ*（giving glory to God）

（20） *Δόξα ἐν ὑψίστοις Θεῷ*（Glory to God in the highest）

（21） *Φοβήθητε τὸν Θεὸν καὶ δότε αὐτῷ δόξαν*（Fear God and give glory to Him）

（22） 「シオンの琴の震ふごと　天使の空をとぶがごと　とはに新たにまことなる　光仰ぐもたふとしや」「愛と自由と平等のまことの光かゞやきて　天の王國來るとき　嗚呼其時をまちわぶる　友よもろとも手を引て薄暗の世をたどらまし」。土井晩翠『天地有情』［二〇一六年ゴマブックス］六五、七四頁。

（23） 社団法人日本私立大学連盟『建学の精神』一九八四年、一八八―一八九頁。

(24)『建学の精神』一八九頁。
(25) キリスト教学校教育同盟『加盟校の歩み —— 創立の礎』二〇一一年、一六一一七頁。深谷松男「建学の精神が顕すものもの —— 二、三の覚書」『宮城学院資料室年報二〇一四年度』20、二〇一五年、一一二二頁。深谷松男『キリスト教学校と建学の精神』日本キリスト教団出版局、二〇〇〇年、三八一四五頁。
(26) 宮城学院キリスト教センター『学校法人宮城学院礼拝ガイド２０２３』二頁。
(27) マタ五・四三、一九・一九、二二・三九、マコ一二・四一、三三、ルカ一〇・二七、ロマ一三・九、ガラ五・一四、ヤコ二・八。
(28)『建学の精神』二六九頁。
(29)『東北学院の一〇〇年』東北学院、一九八六年、一二八頁。カルダイ社編集部『ああ東北学院 〝学院〟なくして東北の今は語れない』一九七九年、八〇頁。河北新報社編集局『東北学院一〇〇年 —— われら地の塩』一九八六年、五頁。
(30)『東北学院七十年史』一九五九年、五五〇頁。
(31) 佐々木哲夫「地の塩、世の光（マタイによる福音書五章一三―一六節）」『命のファイル』教文館、二〇一九年、一九六―一九八頁。
(32) 青山学院宗教センター『地の塩、世の光 —— 人物で語るキリスト教入門』教文館、二〇〇六年、二一一頁。『加盟校の歩み —— 創立の礎』四五頁。
(33)『加盟校の歩み —— 創立の礎』一六八頁。
(34)『東北学院百年史』五六四頁。
(35) 同。
(36) ヘンリー・ドラモンド（一八五一―一八七九）はスコットランド出身で、グラスゴーのフリーチャーチカレッジの自然科学教授。愛に関して学生に語った説教が『世界最大のもの』の題で出版され英国のみならず広く世界の国々で読まれた。ヘンリー・ドラモンド『世界最大のもの』いのちのことば社、一九九八年［初版本一八七四年］、五―五〇頁。
(37)「命と光と愛を世界のために —— LIFE, LIGHT AND LOVE FOR THE WORLD」『後援会通信 GROWTH』VOL. 2, 二〇〇三年、一三頁。
(38)『東北学院百年史』五六五―五六七頁。
(39) 場崎洋『塹壕の聖母』ドン・ボスコ社、二〇一一年、六一―六三頁。
(40) “Kurt Reuber” *Wikipedia* (https://de.wikipedia.org/wiki/Kurt_Reuber).

(41) W. R. Inge. Createspace Independent Publishing Platform, 2015. *LIFE, LIGHT AND LOVE—Selections from the German Mystics of the Middle Ages by W. R. Inge (1860—1954).*

2 資料室の使命——宮城女学校第七回生

佐々木哲夫

三五年ほど前、新共同訳聖書翻訳事業に携わっていた東京神学大学教授左近淑《きよし》先生が仙台東六番丁教会の小さな集まりで聖書翻訳に関する講演をされた。その中で旧約聖書研究に言及し、日本では写本発見などの本文批評的研究は困難であり、専ら『ビブリア・ヘブライカ・シュトゥットガルテンシア』（ＢＨＳ）に基づく新しい解釈を提示するなどの文献学的研究になると話された。米国で五年間ほど旧約聖書の学びを経た後の研究について模索中だったこともあり、先生の講演は私に光明となった。爾来、キリスト教学校に奉職しつつ、ＢＨＳに基づく研究や説教に携わっている。

＊　＊　＊

二〇二二年一〇月二六日に宮城学院女子大学附属キリスト教文化研究所主催の公開研究会「悲しみを語り伝えるために——旧約聖書にみる語り部の格闘」が開催された。講師は青山学院大学教授左近豊《とむ》先生である。先生は、名前から推察されるとおり左近淑先生のご令息である。ご自身の研究に基づくご講演を頂いた。「震災直後には言葉も壊れて押し流された。……時間が経てば日常が戻り、記憶は薄れる。……失われた言葉を想像し……

第7回卒業生

喪失感を表現する言葉を見つけられずにいる」などの文章を引用しながら主題を解説され、悲哀の感性を言葉に回復する事例として聖書『哀歌』を分析し紹介された。

豊先生の講演に淑先生のかつての講演を重ね合わせながら拝聴させていただいた。淑先生の岳父左近義慈《よししげ》は、東京神学大学における淑先生の修士論文指導教授であり『ヒブル語入門』の編著者である。(1) さらに義慈の実父左近義弼《よしすけ》は、青山学院大学の教授として聖書語学や旧約聖書学を講じた研究者であった。日本における旧約学研究の一系譜である。そのようなつながりを概観していた時、左近義弼に関し「一九〇三年八月二二日に津田まつと結婚。まつは津田端・まさの三女で、宮城女学院を卒業している」との一文に遭遇した。宮城女学院とあるが、それは当時の宮城女学校であり現在の宮城学院である。津田まつの卒業に関し宮城学院資料室佐藤亜紀さんが調べた。

＊＊＊

一八九九（明治三二）年宮城女学校第七回卒業生に津田まつの名前があった。配偶者の記録もあり当人であることが確認された。(2) 記録にはカント哲学者で東北学院、明治学院、横浜共立学園につとめた笹尾粂太郎の名前も見うけられる。また、同年の宮城女学校卒業生五名の写真も保存されていた。しかし、名前の併記がない。肖像との同定は一瞥では不可能である。

左近義弼・まつ夫妻（左近豊氏提供）

ところで、同期生の小泉ハルは、一九八六年NHK連続テレビ小説『はね駒《こんま》』の斉藤由貴扮する主人公橘りんのモデルになった人物である。小泉ハルは、一八七七（明治一〇）年、福島県中村町（現相馬市）に生まれた。中村高等小学校卒業後、キリスト教主義の教育を受けようと仙台に出て宮城女学校に入学する。在学中から近所の子供たちに英語を教えるなど英語力はかなりのものだった。卒業後すぐ母校の教壇に立ち四年間国語と音楽を教えた。退職上京し実業家磯村源透と結婚。さらに、英語力を磨くために日本女子大学校英文学部に入学し津田梅子らの指導を受けた。やがて報知新聞の記者となり、後に米国大統領となるタフトとの単独会見や女性日本初飛行船乗船などドラマのような活躍をした。[3] 宮城女学校教員時代の写真が存在していたので小泉ハルが卒業写真前列中央の人物であると判明した。残る四名のいずれが津田まつかである。

卒業写真の判定を左近豊先生に依頼したところ、晩年の左近義弼ご夫妻の写真が送られてきた。また、卒業写真後列右の人物が津田まつと判断される旨ご返事もいただいた。

一九〇一（明治三四）年二月二日、富田氏宅にて福島伊達教会婦人会が開催された。笹尾粂太郎、ファウスト、五十嵐正、シュネーダー夫人、ファウスト夫人ら約六〇名が参加している。そこに津田まつは、通訳夫人・夫人伝道者として出席し、同日付で飯坂教会に赴任している。無償にて派遣されている件につき飯坂教会より宮城女学校ワイドナー宛感謝状が贈呈されている。[4] 同年一〇月一八日夜には飯坂教会の村上長老宅にて植村正久の説教会が開かれている。来会者は一〇〇名程であった。その後の飯坂教会は、一九〇三年三月に市村牧師の飯坂教会辞任を教会総会にて承認するも教会解散は否決するなど教勢困難の様相を呈している。[5] 津田まつは、同年八月二二日に左近義弼と結婚し、一〇月に夫婦で米国に帰化している。

＊＊＊

文献学的研究は一次資料の発掘や資料の新解釈の提示が肝要であるとの左近淑先生の講演内容が想起される。津田まつに関する今回の調査は、一次資料の発掘やその解釈などの作業を適用したものだった。宮城学院の歴史に関する調査研究や記録保存公開は、宮城学院資料室が担っている使命でもある。

（1） 大野惠正「解説」『左近淑著作集第一巻　学術論文集』教文館、一九九二年、三九三頁。左近義慈編著『ヒブル語入門』教文館、一九六六年。

（2） 『校報　私立宮城女学校』第二号、一九一八（大正七）年、三四―三五頁。本稿では「左近義慈」「左近義弼」「津田まつ」は歴史的人物とし敬称略で表記した。

（3） 「光あおいで（6）――仕事と家庭を両立　ドラマ地でゆく行動派」『河北新報』一九八六年九月二五日。

（4） 福島伊達教会百年史編集委員会『日本基督教団福島伊達教会百年史年表』一九九一年、二六―二七頁。

（5） 同三三―三四頁。

3　宮城女学校第七回生の夫たち——顔写真特定と目歯比率

佐藤亜紀

二〇二二年一〇月二六日に宮城学院女子大学附属キリスト教文化研究所主催の公開研究会「悲しみを語り伝えるために——旧約聖書にみる語り部の格闘」が開催された。講師は青山学院大学教授左近豊《とむ》先生でオンラインで参加した。数日後、資料室に佐々木学院長より電話があった。「左近豊先生の曽祖父左近義弼《よしすけ》氏の妻は宮城女学校を卒業した津田まつだが、本当かどうか調べてほしい」との問い合わせだった。早速調べたところ、一八九九（明治三二）年宮城女学校第七回卒業生の写真と卒業生の名前の一覧があった。そこに併記されている配偶者の名前から津田まつ当人であると確認された。(1)　ＮＨＫ朝の連続テレビ小説『はね駒《こんま》』のモデルとなった小泉ハルの名前もあった。小泉ハルについては他にも写真があり容易に特定できた。しかし、他の四名については資料がなく名前と顔の特定に至らなかった。左近豊先生に卒業写真（24頁）を送り判定を依頼したところ、晩年の左近夫妻の写真（25頁）と共に後列右が津田まつと判断される旨ご返事をいただいた。(2)

左近先生のご協力により津田まつが特定された。残る三名についても特定のための手掛かりを探し始めた。その作業の過程において彼女たちの夫が実業家・化学者・哲学者など様々な分野で活躍した人物であることがわかった。また卒業生たちの晩年の写真も見つけることができた。

本稿は、第七回卒業生の夫たちの生涯を紹介するとともに、卒業写真の人物特定を試みるものである。

第七回卒業生の夫たち

第七回生の夫たちは、実業家・化学者・哲学者など様々な分野で活躍した人物であった。各人の夫たちについて以下紹介する。

磯村源透（いそむら　げんとう）

小泉ハルの夫である磯村源透についてのまとまった資料を管見につき見つけることができなかった。ハルについての資料は、ドラマ『はね駒』を機に出版された磯村英一『実録はね駒』やハルの信仰に焦点をあてた横山麗子『天まではねろ』がある。その中に源透についての言及がある。(3) ハルの長男磯村英一は著名な社会学者であり、自身の著書『私の昭和史』の中で父親について触れている。(4) これらを参考に磯村源透について紹介する。

生い立ち・結婚　磯村源透は、愛知県名古屋市の寺の息子として生まれ、一九二五（大正一四）年に五六歳で亡くなっている。(5) 逆算すると、源透は一八六九（明治二）年の生まれになる。ハルは一八七七（明治一〇）年生まれであるから源透は八歳上になる。

ハルは、福島県相馬市出身で父伊助、母カツの長女として生まれた。家は、屋号を出羽屋と称する広幅生地を扱う生地屋を営んでいた。家のすぐ近くに教会がありハルは幼いころから教会（現日本基督教団中村教会）に通っていた。牧師の吉田亀太郎から宮城女学校を紹介され入学した。卒業後、母校の教師を二年半ほど務め、その後、上京し一九〇三（明治三六）年に源透と結婚する。ハル二六歳の時だった。信仰も出身も違う二人がなぜ結婚に至ったかは、その子供たちにも不明である。(6) 当時の源透は、泥炭の販売や乾電池製造の事業に携わってい

職場に子供を連れて働いたので「ルビつき記者」と呼ばれた（『実録はね駒』178 頁）

右の人物が磯村源透（『天まではねろ』67 頁）

後の米国大統領タフト氏と共に写るハル（左から 2 番目。『天まではねろ』110 頁）

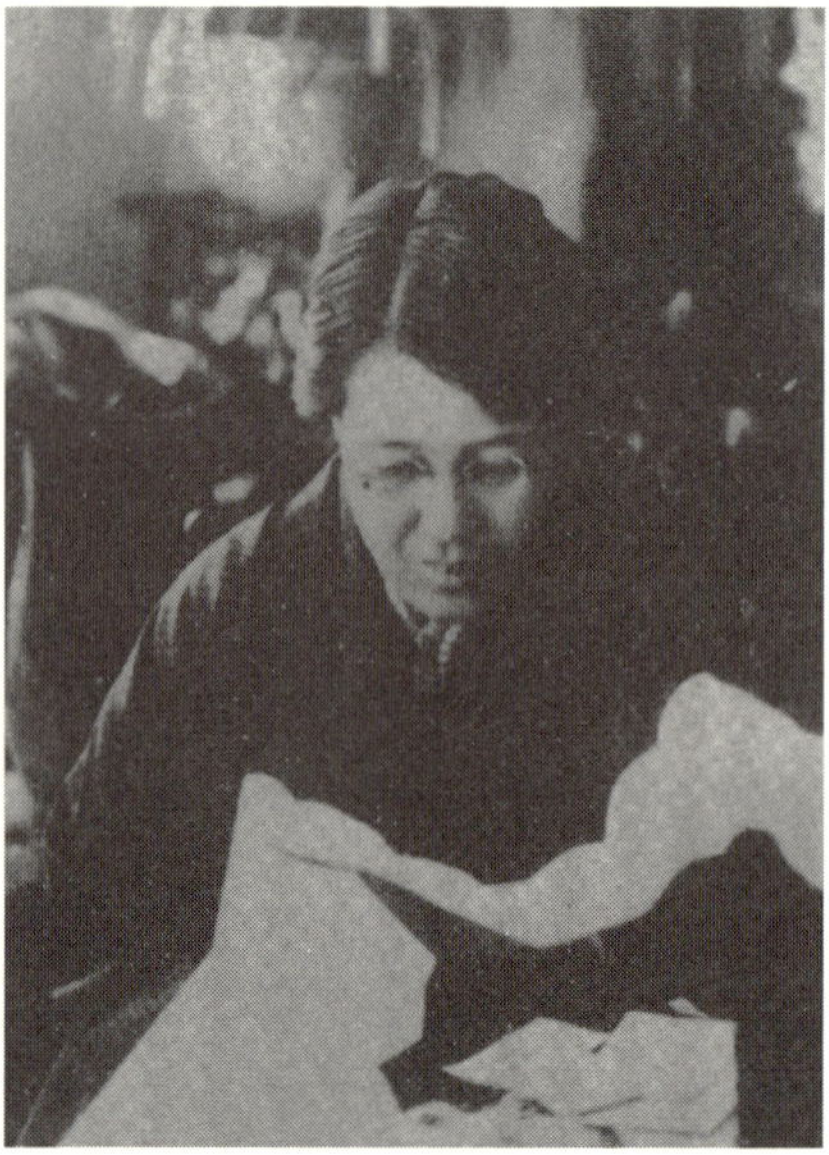

ハル最後の写真（『実録はね駒』230 頁）

た。ハルは英語の専門書の翻訳を手伝う中で、さらに語学にみがきをかけようと創立されたばかりの日本女子大学校に入学する。在学中に身籠るがそのまま通学し、津田塾大学の前身の女子英語塾にも籍を置く。ハルの旺盛な知識欲と行動力が目立つ。女が学問をすれば生意気になる、妻を働かせるのは甲斐性なしと言われた時代のことであり、忘れてはならないのは源透の理解と寛容さである。(7)

その後　源透の仕事（この頃は貿易業）も順調に伸び、磯村家は経済的にかなり恵まれたので東京品川の御殿山に居を移す。ハル自身にも大きな転機が訪れる。一九〇五（明治三八）年、報知新聞の婦人記者第一号として採用されたのだ。ハルの入社より八年前に羽仁もと子が報知新聞社に入社している。(8)羽仁は校正係として採用されており、婦人記者として採用されたのはハルが第一号である。(9)婦人記者としてのハルの活躍は、後の米国大統領となるタフトとの単独会見や女性日本初飛行船乗船などまさにドラマの如く「はね駒」であった。

やがてその暮らしにも影が差す。源透が借金の連帯保証人になったことから工場を手放し会社が倒産したのである。御殿山の大きな家から小さな借家に引っ越さねばならなくなった。ハルの働きが一家を支えることになる。ハルは、一〇年勤務した報知新聞社を退職しフリーランスとなり精力的に仕事をしたが、夫の会社の倒産や仕事の過労、十一年間に八回のお産などの無理がたたり一九一八（大正七）年、四一歳の若さで亡くなる。死因は心臓病だった。

病気がちだった源透は、関東大震災で頭を打ち二年ほど患い、一九二五（大正一四）年五六歳で亡くなっている。短い生涯において天まではねるほどの活躍をしたハルだった。そこに、妻を支え続けた夫源透の存在があったことは言うまでもない。

加藤與五郎（かとう　よごろう）

菊地トラの夫である加藤與五郎は化学者・工学者だった。その分野の功績から「フェライト（亜鉄酸塩）の父」「日本のエジソン」と呼ばれ世界の工業界に大きく貢献した。[10] 東京工業大学名誉教授、文化功労者でもあり晩年には私財を投じて財団法人加藤科学振興会を開設し後進の指導に当たった。與五郎については『加藤与五郎　人とその生涯』を参考にする。[11]

生い立ち　與五郎は、一八七二（明治五）年、愛知県刈谷市に農家の長男として生まれた。八歳のとき、母を失い、幼い妹の面倒をみながら暇さえあれば勉強をする子供だった。成績優秀な與五郎は、叔父から尋常高等小学校卒業後に小学校の授業生心得（教師）の検定試験を受けることを勧められる。合格した與五郎は、働きながら独学で英語や数学を習得し、その後、同志社ハリス理化学校（同志社大学工学部の前身）に入学し優秀な成績で卒業する。

結　婚　二四歳になった與五郎は、東北学院の教師となり数学・物理・化学を担当する（一八九六―一八九九年）。與五郎にとって、仙台の静かな環境と東北地方の素朴な人情は親しみを与えてくれた。その間、宮城女学校で週に一回化学の授業を受け持つ。[12] 本人がなかなかの秀才なのだから妻も頭の良い人が良いだろうと、東北学院の同僚が與五郎の「お嫁さん探し」の世話をしてくれた。同僚の教え子に宮城女学校生の菊地トラがいた。トラは、一八七八（明治一一）年、福島県相馬市に生まれ、生家は相馬藩の御用商人で、苗字帯刀を許された豪家であった。トラは突然の結婚話に戸惑い、どんな些細なことでも話し合えた同期生で親友の安部ヤス（結

トラ夫人と加藤與五郎氏
（公益財団法人加藤科学振興会提供）

婚後、笹尾）に打ち明け相談している。[13] ヤスは、「菊地さん、あなたにわからないことをわたくしがどうして決められますか……」と、二人は床の中で寝もやらず額を寄せて考えたが、どうにも思案が湧かなかった。トラは、周りからの推薦もあり、卒業後母校で一年間教師として働いたのち、一九〇〇（明治三三）年に與五郎と結婚する。二二歳だった。

その後　與五郎は、渡米しマサチューセッツ工科大学で研究に励み、帰国後は東京高等工業学校・東京工業大学電気化学科教授として定年まで勤めた。晩年に、財団法人加藤科学振興会を創設し、科学に関する学術研究の奨励と科学教育の振興を図った。與五郎は生涯で三〇〇余りの研究を成し遂げ、フェライト磁石（酸化金属磁石）、フェライト製コア（酸化金属磁心）、アルミナ（酸化アルミニウム）の世界的三大発明をなした。これらはテレビ・ラジオ・電話などの現代のエレクトロニクス製品に不可欠な材料となっている。[14] 與五郎は、一九六七（昭和四二）年九五歳で亡くなり、トラは一九七八（昭和五三）年一〇〇歳の天寿を全うした。長きにわたり與五郎を支え続けたトラの人柄は穏やかで愛情深く、與五郎の多くの子弟から慈母のように慕われた。[15]

笹尾粂太郎（ささお　くめたろう）

安部ヤスの夫である笹尾粂太郎はカント研究の哲学者で、彼の博士論文『カントの神概念』（一九〇〇年）は、カント研究史に残る重要文献の一つとされている。[16] また、東北学院、明治学院、横浜共立学園において教育の普及・学園の発展に尽力した。粂太郎とヤスについては、次男洋二郎の妻菊枝がまとめた『笹尾洋二郎追悼文集おもいで』、また勤務校で刊行された年史や紀要等にその生涯が記されている。[17]

生い立ち　粂太郎は、一八七一（明治四）年、山口県下関市の大きな酢屋に生まれた。三歳のとき、母を失い、祖父母も相次いで死去したため番頭に育てられた。父親は事業の失敗により全財産を失い、失意の中キリスト教に出会い福岡の柳川教会牧師となる。その父から、粂太郎は洗礼を受ける。高等学校入学後、経済的事情から授業料免除制度のある明治学院神学部へ転校し、働きながら勉学に励み、卒業時には学校より栄誉賞が授与されている。その奨学金で渡米し、オーバン神学校で学ぶ。その後ドイツに渡り、ベルリン、ハレ、ボンの各大学でキリスト教とカント哲学を研究した。ドイツ留学中親交を深めたシュネーダーの招聘に応じて東北学院神学部教授となる。[18]一九〇二（明治三五）年、粂太郎三一歳の時であった。

結　婚　東北学院で働き始めた粂太郎は、その年安部ヤスと結婚した。ヤスは一八七八（明治一一）年、父安部良三清柔《きよあき》、母きぬの長女として宮城県仙台市同心町に生まれた。祖父は漢学者で知られ、父は県内の小学校の校長を務め、同心町の家は三〇〇年ほどの歴史があるという由緒ある家柄であった。宮城女学校卒業後は、シュネーダー夫人のもとでヘルパー（Helper）として働いた。[19]ヤス本人の回想記録を以下に引用する。

定めの課程を終え、〔宮城女学校〕卒業。友達もそれぞれ仕事に携わる事になった。私は学院長シュネーダー夫人の許に働く事になり、夫人の仕事の手伝いをした。伝導《ママ》の目的にて婦人会の指導に当たり、又は婦人方に英会話を教えたり、店員たちに夜学英会話を教えるなど、その他諸所方々の訪問等にて、なかなか多忙に働いた。それで少しは社会の片端を覗き見る事が出来た。嫁入りの話などもぼつぼつ持ち上がってきた。その頃、東北学院教授として来仙された笹尾粂太郎氏との話が起こり、両家両親達の賛成、友人たちの勧めもあって婚約する事になった。シュネーダー院長宅に於いて、親しき人々の祝福を受け結婚式を挙げ、

笹尾家の家族（1925年頃、前列左から、やす、四男昇、粂太郎、三男勇三郎、長女あや子、後列左から次女きよ子、長男東太郎、次男洋二郎。『おもいで』35頁）

後米沢高湯温泉に旅行に出掛けた。[20]

その後、粂太郎とヤスは四男二女の子供に恵まれ、柳川の父の死後は、義母とその異母兄弟八人を引き取り仙台で暮らした。加えて、ヤスの弟二人や苦学生も一緒に面倒をみたので笹尾家は常に一六—一七人の大家族だった。経済的にも困難を極めたが、夫婦共々よく協力し子供と弟妹を育て上げ、医師、大学教授、音楽家等としてそれぞれを独立させた。[21]

その後　粂太郎は三〇年近く勤めた東北学院（一九〇二—一九二七年）を去り、母校明治学院（一九二七—一九三六年）に迎えられる。その後、横浜共立女学校（一九三六—一九四一年）の要請により日本人初代校長に就任した。粂太郎六五歳の時であった。一九四一（昭和一六）年、七〇歳の生涯を終えた。ヤスは、そこから二〇年後の一九六一（昭和三六）年、「私は幸福だった」との言葉を最後に八三歳で旅立った。

左近義弼（さこん　よしすけ）

津田まつの夫である左近義弼は、聖書を原典から翻訳し出版した最初の日本人であり、また青山学院大学の教授として聖書語学や旧約聖書学を講じた研究者である。(22)息子の義慈《よししげ》と義孫の淑《きよし》は共に東京神学大学の教授である。二〇二二年一〇月に開催された宮城学院女子大学附属キリスト教文化研究所主催の公開研究会で講演された青山学院大学教授の左近豊《とむ》先生は、淑氏のご令息である。左近家は日本における旧約学研究の一系譜である。(23)義弼については、義慈の論文「左近義弼とその時代——日本の旧約学の歴史の一断面」を参考に紹介する。(24)

生い立ち・結婚　義弼は、一八六五（慶応元）年、福井県杉津の農家の三男として生まれた。一八八二（明治一五）年、福沢諭吉の門下として慶應義塾で学び、その後、時事新報で働く。一八八七（明治二〇）年に渡米、九〇年にニューヨークで英訳聖書を初めて読み、キリスト教に入信する。原語から聖書を和訳することを志し、ギリシア語やヘブル語などの聖書語学をドルー神学校とユニオン神学校で学んだ。一八九六（明治二九）年、渡米した本多庸一から日本のキリスト教会の教勢を聞き、和訳聖書を手渡されその改訳の必要性を痛感する。(25)

まつは、一八七八（明治一一）年、山形県山形市に生まれ、一八九九（明治三二）年に宮城女学校を卒業する。卒業後は、ヘルパーとして婦人宣教師の下で働きながら、翌一九〇〇年に設置された宮城女学校一年制聖書専攻科（特別聖書科）で学ぶ。(26)一九〇一（明治三四）年二月二日、福島伊達教会婦人会に通訳婦人・婦人伝道者として出席している。ちなみにこの婦人会には、同期生安部ヤスの夫となる笹尾粂太郎も出席していた。まつは、同日付で飯坂教会に婦人伝道者として赴任した。無償にて派遣されている件につき飯坂教会より宮城女学校ワイドナー宛感謝状が贈呈されている。(27)

一九〇三（明治三六）年八月、義弼三八歳、まつ二五歳のときに結婚し、一〇月に夫婦でアメリカに帰化した。

その後　一九〇六（明治三九）年に帰国し、義弼はその翌一九〇七年から青山学院神学部教授となり聖書語学と旧約学を担当し、一九三七（昭和一二）年まで三〇年間勤めた。また聖書の改訳にも精力的に取り組み、改訳に関して出版（雑誌掲載含む）されたものは、旧約聖書の一九%、新約聖書の七三%におよんだ。(28)義弼の改訳の方針が述べられている。[29]

改訳の主意は原文の意義を明かにし、その語勢を弱めざると共に亦日本文としてもスラスラと読み通される様にしたいことである。

旧約学というものがまだ確立していなかった時代、着々と地味に聖書の翻訳に努力していたのが左近義弼だったと、息子義慈は父の偉業を顧みている。義弼は、一九四四（昭和一九）年七九歳で亡くなり、その六年前の一九三八（昭和一三）年にまつは六〇歳で亡くなっている。[30]

左近義弼・まつ夫妻（左近豊氏提供）

酒井勝軍（さかい　かつとき）

森かのの夫である酒井勝軍は独立のキリスト教伝道者で、東京唱歌学校を設立し讃美歌の指導・普及に従事した。また、日本のピラミッドの発見者や日ユ同祖論者としても知られている。[31] 勝軍については、彼の思想や生涯をまとめた久米晶文氏の著書『「異端」の伝道者酒井勝軍』を参考として紹介する。[32]

生い立ち　勝軍は、一八七四（明治七）年、山形県上山市で生まれた。生家は資産家であった。父の山下吉重は上山藩士族（藤井松平家）で、御用人馬廻役を務めていた。次男の勝軍は、幼少期に旧藩主の命により親戚関係にあった酒井姓を継ぐ。小学校を卒業後、一八八七（明治二〇）年、山形英学校に入学し、宣教師J・P・

モールより洗礼を受ける。[33] しかし、家庭の事情（破産）により一年半で退学する。その後、東北学院に入学し、苦学して一八九四（明治二七）年に卒業する。在学中、勝軍を惹きつけたのは音楽だった。卒業後、家族のために就職するが、勝軍の胸中には音楽研究のために渡米したいとの思いがあった。一八九八（明治三一）年、念願かなって渡米し、シカゴ音楽大学やムーディ聖書学院で学んでいる。

結婚　一九〇二（明治三五）年に帰国し、勝軍は東京唱歌学校を設立し、讃美歌の指導・普及に従事した。『うれしき鐘歌』（一九〇三年）、『賛美論』（一九〇六年）、『教育と音楽』（一九〇六年）などの著書を刊行した。[34]

かのは、一八七八（明治一一）年、福島県北会津郡川南村に生まれ、一八九九（明治三二）年に宮城女学校を卒業する。卒業後二年間は、ヘルパーとして婦人宣教師の下で働き、その後、一九〇一年から一九〇三年まで幼稚園の保母をしている。[35] 一九〇三（明治三六）年、勝軍二九歳、かの二五歳のとき結婚した。かのは病弱で入退院を繰り返し、「ちゑ子（長女）が一七歳になるまで生きて居てくれ……」と勝軍を嘆息させたという。[36]

酒井勝軍・かの夫妻と長女ちゑ子（大正４年頃。『「異端」の伝道者 酒井勝軍』237 頁）

その後　勝軍が亡くなった後に発行された『神秘之日本・終結号』の中で、先に紹介した左近義弼は「酒井君を懐ふ」との題で思い出を語っている。互いの妻が宮城女学校の同期生という縁で、まつ（左近夫人）に連れられ、左近は勝軍の讃美歌運動に顔を出したこともあったが、「陸軍の走狗と成り果てたる背教の異端者と好《よしみ》を通じようと思はず、三十年近くも疎み過ごして居」たが、昭和一〇年代に入り、たまたま勝軍の神代文化の講演会を聴く機会があり、共感共鳴し「仙境に遊ぶが如き心地」を味わったと記されている。(37)

一九〇五（明治三八）年、勝軍は語学が堪能であったことから、観戦外国武官接待係として日露戦争に従事する。この体験により勝軍は、これまでの反戦平和主義から真逆の思想へと価値観を一変させた。このことが、左近の「陸軍の走狗と成り果てたる背教の異端者」との言葉に代表されているのだろう。(38)勝軍のその後の思想・主義に関しては、『「異端」の伝道者酒井勝軍』を参照されたい。

勝軍は、一九四〇（昭和一五）年、六六歳で亡くなった。『神秘之日本・終結号』最終頁にかのと長女ちゑ子の連名による文章「御挨拶」がある。当時、かのは六二歳である。それ以後のかのの足跡については明らかにできなかった。

顔写真の人物特定

第七回卒業生写真の人物特定を試みる。次頁の写真に示すとおり、写真後方左から順にＡ—Ｅとする。小泉ハルは宮城女学校教員時代の写真があり、写真前列中央Ｄの人物であると既に判明している。また、津田まつに関しても、ご子孫の左近豊先生に写真の判定を昨年度依頼し、晩年の左近義弼夫妻の写真を送っていただき（36頁）、写真後列右Ｂの人物であることが特定されている。課題は残る三名（Ａ・Ｃ・Ｅ）の人物特定である。

近年のバイオエンジニアリング分野における生体認証やコンピューター復顔法にみられるように顔認証の技術進歩は著しい。(39)顔認証においては、複数の顔特徴点を抽出し、その顔特徴量の解析によって表情や個体の識別をコンピュータＡＩ機能が出力する。(40)顔認証のように多数の被験者から迅速かつ正確に本人認証を行う場合と異なり、本稿での対象者は三名であり、名前の特定された晩年の顔写真も存在する。それゆえ、卒業時と晩年の顔写真において経年変化の少ない顔特徴点を抽出し、その顔特徴量の照合によって本人の特定が可能であると考えた。

　本稿では、顔特徴点として、瞳孔間距離を一とした場合、瞳孔間を結ぶ直線と上顎の歯列の下端線との距離の比率、いわゆる、目歯比率を顔特徴量とする。頭蓋の顔面部の成長は、六歳で約八〇パーセント、一二歳で八八―九〇パーセントの成長に達する。[41] 一二歳以降の頭蓋であるならば頭蓋骨の経年変化はほとんどないと考えられる。頭蓋骨と当該者と思われる人物の顔写真を重ね合わせて復顔するスーパーインポーズ法においても、左右の眼窩下縁と下顎骨正中位最後点などの顔特徴点を撮影焦点の箇所に選んでいる。他方、頭蓋骨を直接計測することのできない卒業時と晩年の顔写真による識別においては、頭蓋骨ではなく顔を外から特定できる顔特徴点を選ばなくてはならない。そのような観点から考えるならば、目頭と目尻を結んだ眼瞼裂の位置が通常眼窩の高さの下一〇分の三とされているように頭蓋骨と密接に関連している瞳孔間距離と上顎の歯列の下端を顔特徴点とする目歯比率は目視で計測できる顔特徴量であり、顔写真による人物識別の有効な顔特徴量になり得る。そこで以下のような手順で目歯比率を計測し人物の比較をすることとした。[42]

第７回卒業生　小泉ハル（D／磯村源透夫人）津田まつ（B／左近義弼夫人）菊地トラ（加藤與五郎夫人）安部ヤス（笹尾粂太郎夫人）森かの（酒井勝軍夫人）

①　卒業写真によって各人の目歯比率を計測する。

②　晩年の顔写真によって各人の目歯比率を計測する。

③　目歯比率の値によって卒業写真の人物を特定する。

なお、検証のため既知の二名を含む卒業写真五名全員の計測を行った。最初に既知二名の卒業時と晩年の写真の目歯比率を表1に示す。

小泉ハルと津田まつの卒業写真と晩年写真の目歯比率を比較すると、二名とも年齢を重ねても測定値はほぼ変

人　物	卒業写真	晩年写真
D 小泉ハル	1.196	1.183
B 津田まつ	1.058	1.054

表1　既知2名の目歯比率

A	1.217
C	1.000
E	1.181

菊地トラ	1.250
森かの	1.018
安部ヤス	1.125

表2（左）卒業写真3名の目歯比率
表3（右）晩年写真3名の目歯比率

第7回卒業生の名前

わらないことがわかる。この結果から、目歯比率が有効な識別方法になると判断される。残る三名についても同様に目歯比率を測定し、名前の特定を試みる。

卒業写真Aの目歯比率は一・二一七である。他方、晩年写真の目歯比率が一・二以上は菊地トラ〔一・二五〇〕だけである。卒業写真Cの目歯比率は一・〇〇〇である。測定値に最も近いのは、晩年写真の目歯比率が一・〇一八の森かのである。さらにEの人物の目歯比率は一・一八一である。安部ヤスの晩年時の目歯比率は一・一二五であり、他の二名と有意差があり安部ヤスと判断される。よって卒業写真Aの人物は菊地トラ、Cの人物は森かの、Eの人物は安部ヤスと判断される。判定結果を卒業写真に記入したのが右頁下の写真である。

		晩年写真		
		菊地トラ	森かの	安部ヤス
卒業写真	A	25 名／83%	3 名／10%	2 名／ 7%
	C	3 名／10%	26 名／87%	1 名／ 3%
	E	2 名／ 7%	1 名／ 3%	27 名／90%

表 4　目視による人物特定

さらなる検証

卒業写真（A・C・E）と（トラ・かの・ヤス）の晩年の写真だけを検証者三〇名に提示し、目視での識別を行ってもらった。結果は表4のとおりである。目視による識別結果は、卒業写真Aは菊地トラ、卒業写真Cは森かの、卒業写真Eは安部ヤスだった。この結果は、目歯比率の結果と同じである。検証者に顔のどの部位を基準として選んだかを質問してみると、目や口元と答える人が多かった。中には、目と口元までのバランスと話す人もいた。人の顔を特定するとき私たちは無意識のうちに目歯比率を実践していると思われる。

おわりに

今回の調査により、宮城女学校第七回生卒業写真五名ひとりひとりの人生を知ることができた。朝ドラヒロインのモデルになった小泉ハル以外の四名の生涯は、それほど光があたることはなかったかもしれない。しかし、自分の信じた道をひたすらに突き進む夫と共に歩んだドラマが存在していた。宮城女学校で学び、婦人宣教師との人格的な交わりを通して涵養されたキリスト教の精神が彼女たちの人生の糧となり支えになったと思わされた。

本稿を書くにあたり、公益財団法人加藤科学振興会常務理事・事務局長岡本明氏より加藤與五郎・トラ夫妻の写真をご提供いただいた。また、五名の受洗記録について東一番丁教会瀬谷寛牧師より掲載のご許可をいただいた。加藤與五郎、笹尾粂太郎、酒井勝軍の資料を東北学院史資料センターの方々よりご教示・ご提供いただいた。また、本稿の「顔写真の人物特定の目歯比率」については、本学理事長・学院長の佐々木哲夫先生にご指導・ご教示をいただいた。末筆ながら、ご協力くださった皆様にこの場を借りて御礼申し上げる。

資料1　卒業写真・晩年写真の目歯比率

名前	卒業写真	晩年写真
A. 菊地トラ		
目歯比率	1.217	1.250
B. 津田まつ		
目歯比率	1.058	1.054
C. 森 かの		
目歯比率	1.000	1.018
D. 小泉ハル		
目歯比率	1.196	1.183
E. 安部ヤス		
目歯比率	1.181	1.125

資料II　第７回卒業生の一覧表

	小泉ハル	菊地トラ	安部ヤス	津田まつ	森かの
生年月日	1877（M10）年３月16日	1878（M11）年３月５日	1878（M11）年２月25日	1878（M11）年１月16日	1878（M11）年12月８日
逝　去	1918（T7）年１月／41歳	1978（S53）年３月２日／100歳	1961（S36）年10月29日／83歳	1938（S13）年／60歳	不明
出身地	福島県相馬	福島県相馬	宮城県仙台	山形県山形市	福島県北会津郡
受洗年	1893（M26）年	1893（M26）年	1890（M23）年	1889（M22）年	1894（M27）年
洗礼教会・牧師	相馬中村教会／吉田亀太郎	相馬中村教会の可能性高い／吉田亀太郎	不明／ジョンス	山形美以教会の可能性が高い／木村七十郎	仙台日本基督教会／三浦宗三郎
仙台日本基督教会転入日	1894（M27）年11月11日	1894（M27）年11月11日	1894（M27）年１月24日	1893（M26）年11月15日	1894（M27）年
宮城女学校卒業年	1899（M32）年６月29日 22歳	1899（M32）年６月29日 21歳	1899（M32）年６月29日 21歳	1899（M32）年６月29日 21歳	1899（M32）年６月29日 20歳
卒業後の進路	1899-02年宮城女学校教師、日本女子大・津田塾で学ぶ、1899-1900年宮城女学校教師、1905年報知新聞社入社	1899-1900年宮城女学校教師	1899-02年シュネーダー夫人のヘルパー	1899-01年ヘルパー、福島伊達教会・飯坂教会で婦人伝道者として働く	1899-01年ヘルパー、1901-03年幼稚園保母
結婚年	1903（M36）年１月26歳	1900（M33）年22歳	1902（M35）年７月１日 24歳	1903（M36）年８月25歳	1903（M36）年24歳
夫	磯村源透	加藤與五郎	笹尾粂太郎	左近義弼	酒井勝軍
夫職業	実業家	化学者	カント哲学者	聖書翻訳者	伝道者・音楽家など
生年－没年	(1869)-1925年／56歳	1872-1967年／95歳	1871-1941年／70歳	1865-1944年／79歳	1874-1940年／66歳

参考資料　本章「第７回卒業生の夫たち」で紹介した資料。生年月日、出身地（生地）、受洗年、洗礼教会・牧師は「仙台日本基督教会 会員名簿第一号」（日本基督教団仙台東一番丁教会所蔵）を参照。仙台日本基督教会（現・日本基督教団仙台東一番丁教会）転入日は『日本基督教団 仙台東一番丁教会史』1991年、911頁を参照。

（1）『校報　私立宮城女学校』第二号、一九一八（大正七）年、三四―三五頁。
（2）佐々木哲夫「巻頭言　資料室の使命」『資料室年報』第二八号、二〇二三年、三―六頁。
（3）磯村英一『実録はね駒』開隆堂、一九八六年、四八―四九頁。横山麗子『天まではねろ』いのちのことば社、一九八八年、六四―六八頁。
（4）『私の昭和史』中央法規出版、昭和六〇年、三七―三八頁、二四五頁。磯村英一は、社会学者で都立大学教授、東洋大学学長を務めた。
（5）『私の昭和史』二四五頁。
（6）『天まではねろ』六五頁。
（7）『実録はね駒』四八―四九頁。
（8）羽仁もと子（旧姓・松岡）は、一八七三（明治六）年青森県八戸に生まれる。明治女学校卒業後、一八九七（明治三〇）年報知新聞社に校正係として入社し、後に取材記者として活躍する。その後、同職場の記者羽仁吉一と結婚し、夫婦そろって退社し、女性雑誌「家庭之友」（「婦人之友」の前身）を創刊する。
（9）『天まではねろ』九二頁。
（10）刈谷市ホームページ歴史・文化サイト　https://www.city.kariya.lg.jp/kankobunka/rekishibunka/jinbutsu/1006401.html
（11）安達竜作『加藤与五郎　人とその生涯』財団法人加藤科学振興会、昭和四九年。
（12）『天にみ栄え　宮城学院の百年』学校法人宮城学院、一九八七年、八二四頁。宮城女学校在職年、與五郎一八九八年―一八九九年、トラ一八九九―一九〇〇年。
（13）『加藤与五郎　人とその生涯』四四頁。
（14）刈谷市ホームページ歴史・文化サイト https://www.city.kariya.lg.jp/kankobunka/rekishibunka/jinbutsu/1006401.html
（15）『加藤与五郎　人とその生涯』八頁。
（16）石川文康「笹尾粂太郎のカント理解――書かれた『序論』と生きられた『本論』」『東北学院百年史各論篇』学校法人東北学院、一九九一年、二四一―二六七頁。
（17）笹尾菊枝『笹尾洋二郎追悼文集　おもいで』祥文社、二〇〇二年（以下、『おもいで』と略記）。荒井多賀子「共立女学校第五代日本人初代校長笹尾粂太郎――人・信仰・思想」横浜共立学園「紀要」第一二号抜刷、二〇〇二年。
（18）D・B・シュネーダーは一八八七年来日、一九〇一年押川方義の後を継ぎ、第二代東北学院院長に就任し、一九三六年までの三五年間院長を務め東北学院の発展に尽力する。『東北学院の歴史』学校法人東北学院、二〇一七年、四六頁。

(19)『おもいで』一六頁。
(20)同、一六―一七頁。
(21)同、一八頁。笹尾とヤスの子供たちのうち、長女あや子の夫である高橋正雄は東北学院大学名誉教授、長男東太郎は医師、次男洋二郎は明治学院大学名誉教授であった。また、ヤスの弟である安部正義は、東北学院卒業後、ボストン音楽院に留学。後に東北学院、明治学院に勤め教会音楽の向上、讃美歌一二一番「まぶねの中に」を作曲する。
(22)左近義慈「左近義弼とその時代」『神学』二七号、東京神学大学神学会、一九六五年、八四頁。
(23)佐々木哲夫「資料室の使命」『宮城学院資料室年報』第二八号、二〇二三年、三頁。
(24)左近義慈「左近義弼とその時代」七四―八九頁。
(25)『日本キリスト教歴史大事典』教文館、一九八八年、五七〇頁。
(26)津田まつの生年月日、および生地については「仙台日本基督教会会員名簿第一号」(日本基督教団仙台東一番丁教会所蔵)を参照。卒業後の進路については、「Catalogue Miyagi Girls' School Sendai Japan 1916-1917」(宮城学院資料室所蔵)、九〇頁を参考とした。
(27)『日本基督教団福島伊達教会百年史年表』福島伊達教会百年史編集委員会、一九九一年、二六―二七頁。
(28)「左近義弼とその時代」八七頁。
(29)同、八六頁。
(30)『橄欖』第二〇号、宮城女学校、一九三八年、七一頁。その年の永眠者欄に「第七回左近まつ」と掲載があった。
(31)久米晶文『「異端」の伝道者酒井勝軍』学研パブリッシング、二〇一二年、一〇、一四五頁。
(32)前掲書。
(33)山形英学校は、校主(県知事)ほか学校経営の理事者には県の有力者がなり、教師陣には校長の押川方義らキリスト者が就いて一八八七年に開校された。しかし経営難から四年で廃校となった。J・P・モールは、合衆国改革派教会の日本派遣第二番目の宣教師。山形英学校、東北学院でも教え、宮城女学校では第二代校長(一八九三年九月―一八九四年八月)を務める。
(34)『日本キリスト教歴史大事典』五六一頁。
(35)森かのの生年月日、および生地については「仙台日本基督教会会員名簿　第一号」を参照。卒業後の進路については、「Catalogue Miyagi Girls' School Sendai Japan 1916-1917」九〇頁を参考とした。
(36)『「異端」の伝道者酒井勝軍』二〇一―二〇二頁。

（37）左近義弼「酒井君を懐ふ」『神秘之日本第四十五号　酒井勝軍先生終結号』神秘之日本社、昭和一五年、六二頁。

（38）『「異端」の伝道者酒井勝軍』二〇四―二二〇頁。

（39）今岡仁『顔認証の教科書』プレジデント社、二〇二一年、一七―二二頁。日本自動認証システム協会『よくわかる生体認証』オーム社、二〇一九年、三一―三九頁。科学警察研究所宮坂祥夫、吉野峰生、瀬田季茂「バイオエンジニアリングの歴史――復顔法の現状と今後の展望」『日本機械学会バイオエンジニアリング部門報』no. 20 Summer（1995. 7）（https://www.jsme.or.jp/bio-files/news/20/20-3.html）。

（40）今岡仁『顔認証』一〇二―一〇四頁。野宮浩揮、宝珍輝和尚「顔特徴点を用いた特徴選択と特徴抽出による表情認識に基づく映像中の表情表出シーン検出」DEIM Forum 2011 c1-5（https://db-event.jpn.org/deim2011/proceedings/pdf/c1-5.pdf）。

（41）北海道大学オープンコースウェア（https://ocw.hokudai.ac.jp › uploads › 2016/01）「顎顔面（頭部・頭蓋・顎）の成長発育（教科書四章、三八―五九頁）」（https://ocw.hokudai.ac.jp/wp-content/uploads/2016/01/PediatricDentistry-2006-Note-01.pdf）アクセス日　二〇二四年一二月一一日。

（42）科学警察研究所宮坂祥夫、吉野峰生、瀬田季茂「骨から顔貌を復元する」『バイオメカニズム』2、一九七四年、四頁（https://www.jstage.jst.go.jp/article/biomechanisms/12/0/12_KJ00004275292/_pdf/-char/ja）。

4　バイブル・ウーマンの活動

サディ・リー・ワイドナー

Weidner, Sadie Lea. "Bible Woman's Work." In *History of the Japan Mission of the Reformed Church in the United States of 1879-1904*, 78-82. Edited by Henry K. Miller. Philadelphia: Board of Foreign Missions, Reformed Church in the United States, 1904.（訳・飯塚久榮　宮城学院女子大学名誉教授）

キリストの地上での生涯において、イエスの身の回りの世話をし、十字架のもとに最後まで留まり、次の日の早朝に埋葬された墓場を最初に訪れた慎ましい婦人たちが存在していたように、いま、日本においても数人の女性たちがイエスの子どもたちの世話をしています。まさに主のみ言葉「これらの私の貧しい兄弟の一人に汝が成したことは、私にしたと同じである」（マタ二五・四〇）を彼女らは身をもって示しています。

WOMAN'S WORK

BIBLE WOMAN'S WORK

BY MISS SADIE LEA WEIDNER

GROUP OF BIBLE WOMEN.

1. Mrs. Goro Kiso. 2. Miss Yomiki Kannari. 3. Miss Chiyo Takahashi.
4. Miss Tatsuno Kadono. 5. Miss Kikuno Kawai. 6. Miss Haku Ohashi.
7. Miss Sono Sekiguchi. 8. Miss Nao Hasegawa.

バイブル・ウーマンたち　〔原文の扉ページ〕
1　キソゴロウ夫人　2　金成よみき〔宮城女学校第９回生〕3　高橋千代〔同９回生〕
4　上遠野たつの〔同10回生〕　5　川合きくの〔同8回生〕　6　大橋はく〔同11回生〕
7　関口その〔同11回生〕　8　長谷川なほ〔同６回生〕

生徒数の増加

バイブル・ウーマンの活動の評価は、女学校の卒業生数の増加に反映して高まりました。八年前、婦人宣教師のヘルパー〔外国人宣教師の助手〕の数は多くて二名、バイブル・ウーマンは二、三名しかいませんでした。しかし現在は、ヘルパー四名、バイブル・ウーマン一三名と増えて、その中の三名を除く全員がこの女学校の卒業生で占められています。

活動の多様性

仙台市内や近郊での日曜学校、定期的な教会礼拝、婦人会、祈禱会、特別伝道集会が行なわれる場所にはどこへでも、バイブル・ウーマンはいつでも率先して手伝ってくれます。元来日本人は音楽好きで、特にバイブル・ウーマンは在学中その方面で優れた教育を受けているので、こうした教会の様々な奉仕活動には、なくてはならない貴重な存在となっています。

日曜学校

バイブル・ウーマンが指導する日曜学校活動は、かなり広範囲にわたっています。私たち所属の外国伝道局と関わりのある日曜学校は二〇箇所あり、そのほとんどに二人、他では三ないし五人のバイブル・ウーマンがついています。日曜の朝、このすべての場所に時間に間に合うように行くためには、仙台を六時には出なければなりません。従って、彼女らは夕方まで帰宅できません。バイブル・ウーマンは日曜学校の指導を手伝いますが、場合によってはすべてを一人でしなければなりません。彼女たちはオルガンを弾き、「主を称えよ」や他の救いの讃美歌などを子どもらに教えます。子どもたちがイエスやイエスの愛の物語を生まれて初めて耳にするのは、多くの場合こうしたバイブル・ウーマンの口を通してです。数年後に実を結ぶことになる真実の種は、このようにして神の幼な子らの心に蒔かれていきます。あらゆる階層の家庭の子どもたちがこうした日曜学校にやって来ます。これらの子どもたちを介してバイブル・ウーマンを自宅に招くようになります。親の中には、自分の子どもが日曜学校に通っていることさえ知らず、それが分かると子どもに日曜学校へ行くのを禁ずる親がしばしばいるので、家庭訪問をする時には訪ねる側の配慮が必要となります。また、バイブル・ウーマンの影響を受けて、日曜学校に通っていた少女たちが宮城女学校への進路を見つけ、バイブル・ウーマンのように自分も将来役に立つ人間になるための訓練を受けたいと思うようになります。

汝のパンを水に投げよ。そうすればいつか汝もそれを見いだすであろう。（コヘ一一・一）

婦人集会

大きな影響を与えるもう一つの活動は、婦人集会の活動です。婦人宣教師教師《（ママ）》、若しくは宣教師の妻が集会の全般的な指示を与え、その指示のもと、バイブル・ウーマンが実際に指導します。このような集会では、少し内気な女性がバイブル・ウーマンに心を開く姿がよく見受けられます。それは福音書の講話をするバイブル・ウーマンが自分と同じ日本人女性で、彼女らなら女性特有の難しい問題も理解してくれると考えるからです。

こうした集会に出席する人たちは、自宅への訪問も自然に受け入れるようになります。

バイブル・ウーマンの宿舎

キリスト者へ導くための素地

日本の女性の中には、多くの迷信によって精神的に束縛されている気の毒な女性たちがいます。ある女性は子どもが言うことを聞かない時、部屋中を一〇〇回行ったり来たり歩き回り、子どもが従順な子になるよう祈りながら、偶像の前に置いた器の中に豆を一粒ずつ入れて歩き続けます。また、別の女性は子どもが病気になると、子どもの病気回復を願って自分の好物の食べ物を断つ誓いを家の氏神様に立てたりします。こうした迷信に捉われた女性たちに、より良い生き方を理解させ、目に見えない唯一の神を信じさせ、神は「〝霊〟であり、神を崇める者は霊と真をもって崇めなければならない」（ヨハ四・二四）ことを明確に説くのは容易なことではありません。しかし、バイブル・ウーマンが女性たちとより親しくなって彼女らの信仰、家庭生活、個々の苦しみを知るようになれば、彼女らに熱心に働きかけ、彼女らのためにより賢明に祈ることができます。やがて、バイブル・ウーマンによる辛抱と忍耐の数週間にわたる聖書の講話を続けた結果、ついに、キリスト教の信徒として受け入れてもらうために洗礼を受け、今度は、バイブル・ウーマンに代わって彼女自らが良き訪れを友人に伝え、家族には神

1903年10月14–16日に開催された第1回婦人活動者会議

の恵みを伝える使者となる姿を見て、バイブル・ウーマンは大きな喜びを味わうのです。バイブル・ウーマンにとって、自らの働きによってこのように実り豊かな成果を得る機会が与えられることは、なんと素晴らしい恩恵でしょう！　このように信仰の篤い女性たちは、イエスの全人類に対する愛について日曜学校の子どもたちや婦人集会の母親たちに宣べ伝えているのです。

特別な活動

バイブル・ウーマンには、時々様々な活動の依頼があります。婦人宣教師が婦人集会や子ども会のために区域外の伝道所へ出かけることがあります。そのような時はいつもヘルパーかバイブル・ウーマンが同行し、通訳をし、彼女ら自身も話をして集会の手助けをします。時には集会の参加者が予想を超えて大勢来た時などは、彼女らがいてくれるので非常に助かります。私たちは当地にいる同労者を支援するために来日したのですが、自らも家庭訪問の大事な任務がありますので、ヘルパーやバイブル・ウーマンたちに私たちの活動の手伝いを頼むことがあります。単独か、或いは外国人婦人に同行するかによらず、バイブル・ウーマンの活動の役目は極めて大きいのです。

伝道師の妻として

バイブル・ウーマンの中には伝道師と結婚する者もおり、婚姻後は厳密にはバイブル・ウーマンと呼ばれることはありませんが、真のキリスト者活動家として活動を続けます。

婦人活動家の会議

在日宣教師社団に関わる伝道師の妻やバイブル・ウーマンらすべての婦人活動家のために、一九〇三年一〇月一四日から一六日に仙台の二番丁教会で会議が開催されました。私たちにとってこのような会議は初めてのことでしたので、出席者全員、特に支部からの参加者にとっては英気を新たにする良い機会でした。修錬では祈禱会、研究課題についてのレポートの読書会、討論会があり、終始有益な内容でした。この会議では参加者間の相互理解と共感が生まれ、さらに、日本における「キリストのみ国」の業を推し進めるための一歩であると感じました。

バイブル・ウーマンのための祈り

過ぎし数年間、バイブル・ウーマンたちは、尊い福音の種を蒔き、主のみ国のために人々を導いて来ました。しかし、彼女たちの奉仕活動がどれほど崇高でいかに遠大なものであったかを、私たちは「最後の大いなる日」において初めて知ることでしょう。このレポートを読むすべての方々が、「主のみ座」の前のバイブル・ウーマンと彼女らの活動を心に覚えてくださることを願います。そして、いつの日か、日本の人々がキリストを彼らの主であり、王として認める日の実現のために、今後もバイブル・ウーマンが神の大いなる業の担い手として用いられますよう祈ります。

5　明治期における宮城女学校のバイブル・ウーマンの活動

——明治後期の年次報告から

栗原　健

明治期の東北におけるキリスト教宣教において、キリスト教女学校関係者から成るバイブル・ウーマンが果たした役割についてはよく知られている。彼女たちは家庭や病院を訪問して聖書を読み、日曜日には教会の礼拝や日曜学校において奉仕を行い、各地の伝道者を助けていた。宮城女学校出身のバイブル・ウーマンによる活動の内容については、その一員として活躍した吉田みさをに関するメアリー・ホーイ夫人の報告書が、『天にみ栄え——宮城学院の百年』（宮城学院、一九八七年）の二八八—二九〇頁に掲載されている。しかしながら、これは一八九二（明治二五）年という初期の時代の記録であり、バイブル・ウーマンの活動は長年にわたり継続して行くことを考えると、ホーイ夫人の報告のみではその全貌を把握することはできない。

幸いなことに、明治三〇年代からから大正期にかけて改革派教会外国伝道局宛てに送られたバイブル・ウーマンの活動報告が、米国ペンシルベニア州ランカスター神学校内の福音・改革派歴史協会（ＥＲＨＳ／Evangelical & Reformed Historical Society of the United Church of Christ）に保存されている。二〇一九（令和元）年八月に東北学院大学の資料調査チームと共に行ったERHSでの調査の際、一九〇五（明治三八）年春から一九一九（大正八）年春までの年次報告書を複写することができた。以下に掲載するのは、レナ・ズーフル校長の名で記された一九〇五（明治三八）年五月三〇日付の報告、一九〇八（明治四一）年六月一九日付のリディア・A・リンゼイの報告、一九〇九（明治四二）年六月一日付のケイト・I・ハンセンの報告の原文並びに邦訳である。[1]

＊＊＊

最初の報告では、七名のバイブル・ウーマンの活動内容や人となりが紹介されている。筆跡は明らかにズーフルのものではなく、言葉遣いも英文としてはぎこちない。おそらく、ズーフルの指導を受けながら日本人の助手が記したものであろう。筆者については定かではないが、冒頭で紹介され、「私の教師であり助け手」（my teacher and helper）と呼ばれている川合きくの（結婚後は吉田姓）かも知れない。当時の女学校関係者の英作文能力がうかがえる資料となっている。報告書には、「オソノサン」「オチヨサン」と情愛を込めた呼び方が混じることもあり、障がいを抱えつつ熱心に活動を展開するメンバーへの敬意、厳冬の角田に旅する者の苦労への気遣いがにじみ出ている文章も登場する。報告中で興味深いのは、上遠野たつのが荒町日曜学校と並んで「Shujikan」を訪ねているとの記述である。これは一八七九（明治一二）年に完成した宮城集治監のことであろう。一九〇三（明治三六）年には「宮城監獄」と改名されていた筈であるが、ここでは旧い呼称で呼ばれている。

宮城女学校　仙台、日本

一九〇五年五月三〇日

Miyagi Jo Gakko,
Sendai Japan. May 30th, 1905.

Dear Dr. Bartholomew:-

I herewith send a brief sketch of the work of each of the Bible Women who are employed here in Sendai. Their pictures were sent home a year ago in connection with the reports for the 25th Anniversary Report. I do not have pictures of any new Bible Women as the girls of the Class of 1904 and 1905 were all self-supporting except one and she is my personal helper and teacher. ~~One~~ Two of the girls of the above mentioned classes became regular Bible Women very recently. One went to Tokyo and I have no special report of her work as yet. I mention the above so that you may understand why there are not many pictures sent for Bible Women just now. I will send the pictures of these two later. We were not certain whether they would stay permanently for the work, but they now think they will stay at least a year. I do not have reports of women working in Tokyo and Yamagata at present so will send theirs later with the report of general work of all the Bible Women.

Dr. Bartholomew we beg all of the patrons to pray especially for those whom they support.

With regards and kind wishes.

Respectfully submitted

Lena Zurfluh.

1919[illegible] 1922[illegible]

レナ・ズーフル校長の名で記された1905年5月30日付の報告（原文）

親愛なるバーソロミュー博士

当地仙台で雇用されております各バイブル・ウイメンの働きの短いスケッチを、ここにお送りします。彼女たちの写真は一年前、二五周年記念の報告と一緒にお送りしてあります。新しいバイブル・ウイメンの写真は、私の手元にはありません。一九〇四年・一九〇五年クラスの娘たちは、私の個人的なヘルパー兼教師役の一人を除けば、すべて自費生徒だからです。(2) 上記クラスの少女のうち、二名はごく最近、常勤のバイブル・ウイメンとなりました。一人は東京に行きましたが、彼女の仕事については私はまだ特別な報告はありません。私がこのことに言及しましたのは、現在お送りできるバイブル・ウイメンに関する写真がなぜ多くないのかをご理解いただきたかったからです。この二名の写真は後ほどお送りしましょう。彼らがこの職務に長期的に留まれるかは、私たちにもまだ定かではありませんが、彼女たちは、少なくとも一年は残れると今は考えております。現時点では、私は東京と山形で働いている女性たちに関する報告はありません。彼女らのことは、後ほど全バイブル・ウイメンの全般的活動に関する報告と一緒にお送りしましょう。

バーソロミュー博士、パトロンの方々皆様に、彼らがサポートしている人々のために祈って下さるようお願いします。

心をこめて、謹んで提出いたします。

レナ・ズーフル

ミス・カワイ〔川合きくの〕

ノースカロライナ州ドライズミルのG・H・モース氏に割り当てられましたミス・カワイは、バイブル・ウーマンではありませんが、現在私たちの女学校の教員です。(3) 彼女は低学年の聖書クラスのいくつかを教

Miss Kawai.

Miss Kawai whom we have assigned to Mr. G. H. Moose, Drys Mill N. C. is not a Bible Woman but a teacher in our Girls School now. She teaches some of the Bible Classes in the lower grades. She is a very valuable worker in that place. She also teaches other classes. The last seven months she was my teacher and helper and taught in the school, and the last three in addition to work mentioned acted as matron of our Girls School. She is one of our most staunch workers and a very strong Xian.

Miss Midori Kanno

Miss Midora Kanno assigned to Third C'urch Missionary Society care of Miss A. C. Pracht, 615 Franklin Street, West Baltimore Maryland, has been working under direction of Mrs. Lampe. She goes to Kakuda for Sunday School work once a week, this is a long and difficult trip but she and the other Bible Woman going there have done excellent work. She also attends Sunday School and meeting every Sunday evening at Aramachi, also woman's meetings once a week at the same place. Besides this she visits the homes of that Kogisho(or preaching place). She has been very faithful in her work. With part of her small earnings she helps to clothe her younger sister who is now in school.

Miss Koma Niwa

Miss Niwa is Bible Woman under the direction of Mrs. Cook. She attends womans meetings and Sunday School at Nagamachi and also helps at prayer-meetings Sunday evening service and Sunday School at Nibancho. She also does visiting with Mrs. Cook and helps in various other ways to extend th Gospel.

Miss Tatsuno Kadono

Miss Tatsuno Kadono goes to Shujikan and Aramachi Sunday School every Sunday and to Sunday evening service at Aramachi. She has charge of a meeting at Fukuda once a week for women and children. She helps in many other places where extra workers may be needed, such as at the Gospel Tent meetings. Miss Kadono being lame cannot get about as freely as others but still she is able to do a great deal for the Master!

レナ・ズーフル校長の名で記された1905年5月30日付の報告（原文・つづき）

狩野みどり

丹羽こま

えています。職場において彼女は大変貴重な働き人です。彼女はそれ以外のクラスも教えています。過去七か月の間、彼女は私の教師であり助け手であり、学校で教えていました。後半の三か月においては、先に言及した仕事に加えて私たちの女学校の舎監もしています。彼女は最も信頼できる働き人の一人であり、大変強いクリスチャンです。

ミス・ミドリ・カンノ［狩野みどり］

ミス・ミドリ・カンノは、メリーランド州西ボルティモア、フランクリン通り六一五番、ミス・A・C・プラハト方の第三教会伝道協会に割り当てられ、ミセス・ランペの指導のもとで働いています[4]。彼女は週に一度、日曜学校での職務のために角田に行きます。これは長く面倒が多い旅ですが、彼女と他のバイブル・ウーマンたちは素晴らしい働きを為して来ました。彼女は日曜学校、毎週日曜夕の荒町での集い、また同じ場所における週一回の女性の集いにも参加しています。このほかに、彼女は講義所（または説教場）の家々を訪問しています。その職務において彼女は非常に誠実です。わずかな稼ぎの一部をもって、彼女は現在学校にいる年若い妹の衣類をまかなう足しにしています。

Miss Sono Sekiguchi

Miss Sekiguchi goes to Shiroishi and Ogawara every Sunday for Sunday School. She has charge of the womans meeting at Miyamachi and goes to Arai Sunday School, and teaches some lady knitting several times a week. This lady is also receiving Bible instruction. O Sono San also helps out wherever needed. There are always calls for extra work to be done, such as special meetings, and tent meetings. She is very young and so cannot be sent out to distant points of work. , but she does her work very well. Her father is a Jinrickshaman in Tokyo.

Miss Chiyo Takahashi

Miss Takahashi goes to Shiroishi and Ogawara for Sunday School every Sunday. She also goes to the womans meetings at Masuda. The trip to Shiroishi and Ogawara is a hard one. She also attends some of the prayer meetings in Sendai. O Chiyu San was sick for several months this winter , but has now entirely recovered. She is one of the patient and plodding kind of workers.

Miss Kanmari Yomiki

Miss Yomiki Kanmari had been a self-supporting girl while in school. She was out of school almost two years and was then engaged to a young man who expects to become an evangelist. She thus asked to be given work and said she wanted to begin work for the Lord. She goes to woman8s meetings at Masuda once a week, and to Nagamachi Sunday School, but attends prayer-meetings and assists wherever needed. She goes to Kakuda once a week with one of the other Bible Women. This is a very hard trip especially in winter. A long ride in Jinricksha, Basha (Omnibus) and a ride in the train. During the past winter when the trains were so very irregular on account of transferring of soldiers, the trip was anything but pleasant and easy. We often felt sorry for these Bible Women.

レナ・ズーフル校長の名で記された 1905 年 5 月 30 日付の報告（原文・つづき）

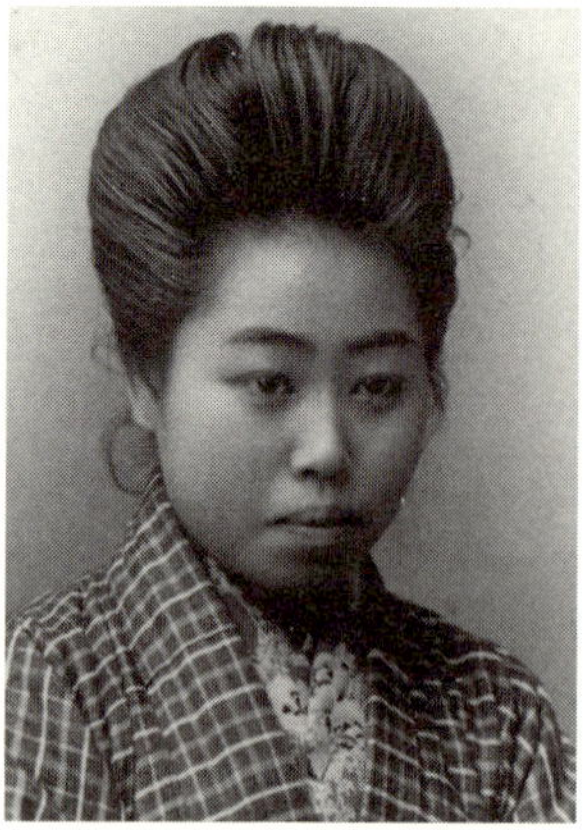

関口その

上遠野たつの

ミス・コマ・ニワ〔丹羽こま〕

ミス・ニワはミセス・クックの指導のもとにあるバイブル・ウーマンです。(5) 彼女は、長町における集いと日曜学校に出席し、また二番丁での日曜夕の祈禱会と日曜学校も助けています。彼女はまたミセス・クックと共に訪問も為し、福音を広げるためにその他さまざまな手段で助けています。

ミス・タツノ・カドノ〔上遠野たつの〕

ミス・タツノ・カドノは毎週日曜、集治監と荒町日曜学校、荒町での夕拝に赴いております。彼女は週一回、福田での女性と子どもたちのための集いも担当しています。助け手が必要なその他多くの場所、たとえば福音テントミーティングを彼女は助けています。ミス・カドノは足に障がいがあるため、他の者ほど自由に動き回れませんが、主のためになお彼女は多くのことを成し遂げることを得ています！

ミス・ソノ・セキグチ〔関口その〕

ミス・セキグチは毎週日曜、日曜学校のため白石と大河原へ赴いています。彼女は宮町での女性の集いを担当し、荒井日曜学校に行き、週に数回女性たちに編み物を教えています。この

金成よみき

高橋千代

女性たちは聖書の指導も受けております。オソノサンは、助けが必要な所ではどこでも助けています。特別集会やテントミーティングのように、追加の活動の召しが常にあるからです。彼女は大変年若いため、遠方での働きに派遣することはできませんが、自身の職務を大変よくこなしています。彼女の父は東京の車夫です。

ミス・チヨ・タカハシ〔高橋千代〕

ミス・タカハシは毎週日曜、日曜学校のために白石と大河原に行きます。彼女はまた、増田での女性の集いにもいつも赴いています。白石と大河原への旅は厳しいものです。仙台での祈禱会のいくつかにも、彼女は出席しています。オチヨサンはこの冬、数か月にわたり病気でしたが、現在は完全に回復しております。彼女は忍耐強くコツコツ働く種類の働き人です。

ミス・カンナリ・ヨミキ〔金成よみき〕

ミス・ヨミキ・カンナリは学校に在学中は自費生徒でした。彼女はほぼ二年学校を離れており、その後、伝道者になると期待されている若い男性と婚約しました。このため彼女は仕事を与えてくれるよう願い、主のために働き始めたいと述べました。彼女は週一回、増田での女性の集い、長町日曜学校に赴きますが、祈禱会に出席し、助けが必要なところではどこでも助けています。週に一回、他のバイブル・ウーマンと共に角田に行きます。特に冬期にはこれは非常に辛い旅です。人力車、馬車（乗合馬車）と列車による長い旅なのです。昨冬、兵士の輸送のため列車の運行が大幅に不規則になりました時には、この旅は全く不快で困難なものとなりました。私たちは、これらのバイブル・ウイメンのためにしばしば申し訳なく思っております。

＊＊＊

一九〇八（明治四一）年六月にリンゼイがタイプした報告書においても、バイブル・ウーマンたちの熱心な責任感が賞賛されており、悪天候などの際に職務を休みがちな「日曜学校教師」と対比する一文も見られる。ただし、高給を選んで他の雇用先に移る女性もいたことが言及されており、メンバーの出入りが少なくなかったことが読み取れる。手紙の末尾においてバイブル・ウーマン養成のための教育機関設立の希望が述べられているが、同様の主張は後年の報告書（例えば一九一四年六月一〇日付のクリストファー・モスによる報告）においても繰り返されることになる。バイブル・ウーマンの影響力が顕著になるにつれて、当時の宮城女学校における聖書教育では十分な知識と経験を与えられないことが、学校関係者の目にも明らかになって行くのである。

「バイブル・ウイメンの働きに関する報告」

アメリカ合衆国改革派教会外国伝道局理事会へ

親愛なる兄弟たち

1908

REPORT ON BIBLE WOMEN'S WORK.

To the Board of Commissioners for
Foreign Missions of the Ref. Ch. in the U. S.,
Dear Brethren:

In all ages and in all countries, in the history of the Church women have done and are doing a great work for Christ's Kingdom. The Japanese women are no exception to this rule. Though Japan does not keep her women so closely secluded in the home as other eastern nations, yet we find that the great work of bringing women to Christ must be done largely by their own sex The most aggressive of these women who are working so faithfully to bring a knowledge of Christ into their sisters' lives are the Bible Women. The majority of our Bible Women are graduates of Miyagi Jo-gakkō. Many of them were supported during their school life by the Mission or by individuals who were interested in them personally. But I am sure that it is not only through a feeling of obligation to the Mission or of gratitude to their benefactors that these girls enter the ranks of the Bible Women. They have the love of Christ in their hearts, and through that love the desire of service for His Kingdom.

The work for the past year has been carried on by 23 women. Ten of these were girls who had graduated in March, 1907. These girls lived in the "Bible House" at the school, and pursued the Post-graduate Course, doing out for their work on Saturdays and Sundays and at other times outside of school hours when the work needed them. Their Post-graduate Course was finished last March, and then they were sent out to live in different towns and cities to assist the evangelists of those places. They do this in various ways. Unless the evangelist's wife can play the organ, the Bible Woman must do this and lead the singing so necessary to any church service. She is an important factor in the Sunday School, where she teaches a class and looks after all the children in general. If any children are absent, she finds out the reason. If new children come, she tries through them to enter the home, first in a social way, and then perhaps to teach the Word of God. She visits those who are sick and comforts those in sorrow. She also has charge of the Women's Prayer Meeting and the Sewing Circle, where she has need of all the executive ability that her school training has developed So we find her a busy, faithful home missionary.

I have been, naturally, more in touch with the work of the Bible Women who remain in the school, and with the work of our under-graduates, who voluntarily offer themselves for the work. From the class which graduated in March of this year we have five girls who are taking the Post-graduate Course in the school. In addition to these, Mrs. Zaugg's, Miss Hansen's and my helpers are in the Bible House. Twenty-two girls from the upper

1908年6月19日付のリディア・A・リンゼイの報告（原文）

あらゆる時代、あらゆる国において、教会の歴史では女性たちがキリストの王国のために偉大な働きを果たしており、〔現在も〕為しつつあります。日本女性たちも、この定則の例外ではありません。日本では、女性たちは他の東洋の国々ほどは厳しく世間から離されてはいませんが、女性たちをキリストに導くという大きな働きは、おおむね同性の者によって為されなければならないということに、私たちも気付いております。キリストの知識を同胞の人生にもたらそうと誠実に働いている女性たちのうち、最も意欲的なのがバイブル・ウイメンたちです。私たちのバイブル・ウイメン〔原文下線〕のうち、大半は宮城女学校の卒業生です。このうち多くの者は学校生活の間、伝道局、または彼女たちに関心を寄せた個人によって支援された者です。しかし、これらの娘たちがバイブル・ウイメンの職に就いたのは、決して伝道局に対する恩義や支援者への感謝からのみではないと私は確信しております。彼女たちは自身の心にキリストへの愛を持ち、この愛によって、御国のために働く望みを抱いているのです。

昨年度の働きは二三名の女性たちによって為されました。そのうちの一〇名は、一九〇七年三月に卒業した娘たちです。これらの娘たちは学校の「バイブル・ハウス」に居住し、特別聖書科〔一年制聖書専攻科〕を履修しつつ、土曜・日曜にそれぞれの職務に赴きました。(6) それ以外の時には学校の課外時間に、彼女たちを必要とする働きに出かけています。彼女たちの特別聖書科は昨年三月に終わり、その後は、当地の伝道者たちを補助するために他所の町や都市に派遣されています。彼女たちはこの務めをさまざまな形で果たしております。伝道者の夫人がオルガンを弾けない場合は、バイブル・ウーマンがこれを弾き、歌をリードしなくてはいけません。どの礼拝であれ〔音楽は〕必要だからです。彼女は日曜学校では重要な存在です。クラスを教え、子どもたち全員を世話しています。もし欠席する子どもがいれば、その理由を調べます。新しい子どもたちが来れば、彼女は子どもたちを通じて彼らの家庭に入るように試みます。最初は社交として、それから、もしや神の御言葉を伝えられたらと。病人を訪ね、悲しみにある人を慰めます。女性の祈禱会や

three classes have volunteered to help in the Sunday School work of Sendai and the neighboring towns. These girls could teach a lesson of patience and faithfulness to many Sunday School teachers at home. No matter how hard it snows, nor how hard it rains, they never complain or think of staying at home. Many of them have to ride from three to five miles in jinrikishas, while others must get up very early to take the train to their stations. Some teach in one town in the morning, and then go on to a different town where the Sunday School is held in the afternoon. And their classes are usually not the tastefully dressed children that anyone would delight to teach in America or in Japan, but they are for the most part dirty and unkempt. Often on their backs are tied crying babies, which they must stand up to "joggle" while their teacher is trying to make them understand some beautifu Bible lesson.

Each year, of course, some of the Bible Women leave the work.-- Some to enter homes of their own; some to go on with their education; and some to engage in other employment where they receive much higher wages. While the last fact may seem discouraging, yet it is partly compensated for by having other girls leave secular employment to become Bible Women.

When the students of North Japan College finish the Literary Course in the school, we do not consider them fitted to become efficient evangelists, to go out and teach the people about Christ, though they have studied the Bible throughout their Literary Course. But they must go on through three years of special preparation and study in the Theological Seminary. To be able assistants to these evangelists, to be able to do well and effectively the wide scope of work open to Bible Women, we feel that the too should have a special training in the Bible and methods of Christian work beyond that received in their Literary Course. Just as the work at home has felt the need and has demanded trained Christian women for the Sunday Schools, the Young Women's Christian Association and the Deaconess work, so the work here is demanding specially trained Bible Women. So we hope that in the near future our Mission may have what many other Missions already have-- a school where our Bible Women can become better equipped to hasten the coming of the Kingdom to Japan.

Respectfully submitted,

Sendai, Japan, June 19, 1908. Lydia A. Lindsey.

1908年6月19日付のリディア・A・リンゼイの報告（原文・つづき）

裁縫サークルも担当しますが、そこでは、学校で鍛えられた管理能力がすべて必要になります。ですから、彼女は働きが多い誠実な家庭宣教者なのです。

当然のことですが、私は、学校に残っているバイブル・ウイメンたちの働き、またこの活動のために自ら志願した本科生の働きのほうにもっと精通しております。今年三月に卒業したクラスからは、五名の娘たちが特別聖書科を学校で履修しています。これに加え、ミセス・ザウグ、ミス・ハンセン、それに私のヘルパーたちがバイブル・ハウスにいます。三つの上級クラスの二二名が、仙台や近隣の町での日曜学校を手伝うために志願しました。彼女たちは、家にいる多くの日曜学校教師たちに忍耐と誠実さのことを教えることが出来ましょう。いかに激しく雪が降ろうが雨が降ろうが、彼女たちは不平一つを言うこと無く、家に留まることなど考えません。彼女たちの多くは三マイルから五マイルも人力車に乗り、他の者は列車に乗るために非常に早く起床しなくてはならないのです。ある町で午前中に教え、午後には日曜学校が開かれる別の町に行くという者もいます。通常、彼女たちのクラス〔に来るのは〕、アメリカや日本において教えることが嬉しくなるような小ぎれいな身なりの子どもたちではなく、大体は汚れてぼろぼろ〔の者〕です。しばしば、彼らは泣きわめく赤ちゃんを背中にくくりつけており、教師たちが麗しい聖書の学びを教えようとしている時でも、「よしよしする」(joggle) ために立ち上がらなくてはならないのです。

もちろん、毎年数名のバイブル・ウイメンが職を離れます——自分の家庭に入る人もいれば、〔さらなる〕教育のためという人もおり、もっと高給を受け取れる別の雇い口に行く人もいます。最後の要因についてはがっかりさせられるように見えますが、これも、他の少女たちが世俗の仕事を離れてバイブル・ウイメンとなってくれることにより、部分的には埋め合わされております。

東北学院の学生が文科を修了した場合、私たちは彼らが外に出て人々にキリストを教えるに十分な伝道者たり得るとは考えておりません。彼らは文科に在学している間じゅう聖書を学んで来たのですが、〔なお〕

神学校において三年の特別な準備と学びを受けなくてはなりません。これらの伝道者の良きアシスタントとなるため、バイブル・ウイメンに開かれている幅広い職務をよく効果的に行うためには、彼女たちも本科で受ける学びだけでなく、聖書とキリスト教的活動についての特別なトレーニングを受ける必要があると、私たちは感じております。家庭における働きの需要が感じられるようになり、日曜学校、キリスト教女子青年会執事の働きは訓練されたキリスト教女性を求めています。近い将来、私たちのミッションも、他のミッションがすでに持っているもの――私たちのバイブル・ウイメンが日本への御国の到来を早めるために良く備えられる学校――を持つことができるよう、希望しております。

謹んで提出いたします。

リディア・A・リンゼイ

一九〇八年六月一九日　仙台、日本

＊＊＊

翌一九〇九（明治四二）年の報告は、リンゼイと親しかったハンセンが記している。冒頭に登場するバイブル・ウーマンたちとの最初の出会いの印象などは、公的な報告というよりも軽快な手紙という雰囲気があり、重厚なリンゼイの書き出しとはかなりトーンが異なる。ただし、この報告においても「ミッションが神学校を持っていない」ことのハンディがさり気なく言及されている。多くのバイブル・ウーマンの退職の理由は「普通の理由」であるとことわっていることは、決してスキャンダルからではないことを念押ししたかったためであろう。

「バイブル・ウイメンの働きに関する報告　一九〇八年六月—一九〇九年六月　宮城女学校」

一九〇九年六月一日　仙台、日本

アメリカ合衆国改革派教会外国伝道局理事会へ

この話題、「バイブル・ウイメン」は、筆者〔ハンセン〕の日本での最初の数週間の中で体験した数限りない驚きの一つです。ある日、学校とつながりがあるバイブル・ウイメンたちが挨拶に来たと言われましたが、予想していたような中年または高齢の女性ではなく、女学生の装いをした娘たちが列になって部屋に入って来ました。二〇歳を超える者はおらず、皆恥ずかしがりですが上品であり、幾人かは大変可愛らしく、チャーミングな物腰です。これらの娘たちはちょうど学校を卒業したばかりで、小さな町へバイブル・ウイメンとして派遣される準備として、特別聖書科の学びを始めたところなのです。私たちの活動分野にあっては、彼女たちのような者が今ある働き人のうちの多数を占めます。バイブル・ウイメンとして働いている未亡人もごくわずかにいます。しかし、〔私たちの〕ミッションは聖書学校を持っていませんので、働き人としては女学校の卒業生に全く依り頼まなくてはいけないのです。

これらの若い女性たちの仕事は、主に子どもたちや若い少女たちにとって必要とされているものです。彼女たちは間違いなくこの〔職務〕に対して誠実です。専攻科でほとんどの時間を勉強のために費やさなくてはならない者も、皆少なくとも一つの女性の集いを週一回は手伝い、毎週日曜に二つの日曜学校に参加してクラスを教えます。可能な人はオルガンを弾いて歌唱をリードします。それも日曜学校のためだけでなく、

REPORT OF BIBLE WOMEN'S WORK, JUNE 1908 - JUNE 1909.

M I Y A G I　G I R L S '　S C H O O L .

Sendai, Japan, June 1, 1909.

To the Board of Commissioners for Foreign Missions,
Reformed Church in America.

The subject, "Bible-women", suggests one of the numerous surprises of the writer's first weeks in Japan. One day it was announced that the Bible-women connected with the school had come to pay their respects, and instead of the expected middle-aged or elderly women, there filed into the room a number of girls in school-girls' costume, none of them seeming over twenty years old, all of them shy but graceful, and some of them very pretty, with charming manners. These girls had just graduated from the school, and were beginning their year of post-graduate work, preparatory to being sent out to smaller towns as Bible-women, and it is such as they who comprise the great majority of the present force on our field. There are a very few widows working as Bible-women; but as the Mission has no Bible school, it must depend for workers almost entirely upon the graduates of the Girls' School.

The work of these young women is of necessity chiefly among the children and the young girls. They are certainly faithful in this. Even those still in the post-graduate course, who are giving most of their time to their studies, all help with at least onewomen's meeting a week, and attend two Sunday Schools each Sunday, where they teach classes, and those who can, play the organ and lead the singing, not only for Sunday School, but also for church services. One of the objects of special effort during the past year has been an increase in their efficiency in these respects. In this effort the school has had able assistance from Mrs. W. G. Seiple, who is giving regular instruction in singing to the girls in the post-graduate course. One girl who has recently gone for work to a small town in the mountains, writes, "When I was in school, I was the poorest in music of all the girls; but the people here are very happy, because I can play hymns and teach them to sing."

A Japanese "old maid" being so rare as to be a negligible quantity, our youthful Bible-women cannot remain in the service for many years; a five or six years' term is the exception. However, many of them marry evangelists, and thus remain in the work permanently, while the others gain influence as Christian wives and mothers.

There have been a number of resignations during the past year, mostly for "the usual reason". These, however, have been more than balanced by the number of new girls entering the work. Perhaps the most gratifying feature has been the number of applicants for positions, who have been self-supporting during their school course. In the course of the year, out of thirteen applicants who had never been in the work before, eight had been self-supporting. This is an increase over the numbers of former years, which speaks well for the growing interest in Christian work among our educated young women.

Respectfully submitted,

(signed) KATE I. HANSEN.

1909年6月1日付のケイト・I・ハンセンの報告（原文）

教会の礼拝のためにもです。昨年特に努めたことは、この点において彼女たちの能力を増やしたことです。そのために、学校はW・G・セイプル夫人の有能な助けを借りました。夫人は特別聖書科で歌唱の定期的指導を行っています。最近、山中にある小さな町に仕事に行った一人の娘は、このように書いています。「学校にいた時には、私はすべての女の子たちの中で音楽は一番できていませんでした。しかし、ここの人々は、私が讃美歌を歌えて彼らに歌うことを教えることができるので、とても喜んでくれています」。

日本では、「Old maid」は珍しく、ほとんどいません。〔ですから〕私たちのバイブル・ウイメンもこの奉仕に長年とどまることはできません。五年か六年の任期は例外です。しかしながら、彼女たちの多くは伝道者と結婚しますので、それによってこの仕事に長期的に残ることになります。他の者も、クリスチャン妻や母として影響力を持ちます。

昨年は何件かの退職がありましたが、ほとんどは「普通の理由」(the usual reason) からです。しかしながら、これは、新たにこの職務に就く娘たちによって埋め合わせされています。おそらく最も感謝すべきことは、在学時は自費生徒だった者でこの職への志願者が多いことです。昨年度は、この仕事が未経験だった志願者一三名のうち、八名は自費生徒でした。過去の志願者数よりも増加しており、教育を受けた若い女性たちの間でキリスト教的職務への関心が増していることを物語っております。

謹んで提出いたします。

ケイト・I・ハンセン

本稿をまとめるにあたっては、訳語の選択などについて宮城学院資料室の佐藤亜紀氏から大きな助けを受けた。「ミセス・ランペ」「ミセス・クック」の身元その他について、東北学院史資料センター調査研究員の日野哲氏からも情報をいただいた。貴重な史料を複写することができたのは、ＥＲＨＳ事務局長のアリソン・マリン氏の温かいご厚意による。二〇一九年夏のＥＲＨＳでの調査は、宮城学院嶋田順好学院長のはからいによるものである。この場を借りて篤く御礼を申し上げたい。

（1）レナ・ズーフルは宮城女学校第三代校長（在職期間一八九四―一九〇八年）。リディア・A・リンゼイ（英語）、ケイト・I・ハンセン（音楽）は一九〇七（明治四〇）年に共に来日し、戦争による中断を挟みながら一九五一（昭和二六）年まで約四〇年にわたり宮城学院と歩みを共にした。

（2）Self-supporting students. 奨学金を受けずに学んでいた本校生徒。

（3）モースについては詳らかでないが、文脈から察するに、おそらくミッションの支援者であり、その奨学金が川合に送られたのであろう。

（4）ミス・プラハトも、モースの場合と同様、ミッションの支援者であろう。「ミセス・ランペ」は、東北学院で一九〇〇年から一九〇三年まで理事・英語教員として勤務していたウィリアム・E・ランペ宣教師の夫人である。

（5）「ミセス・クック」は、一九〇三年から一九〇五年まで東北学院で聖書を教えたハーマン・H・クック宣教師の夫人である。

（6）特別聖書科（一年制聖書専攻科）は、一九〇〇（明治三三）年に一年制の聖書科が創設され、その後一九一六（大正五）年に聖書専攻科となった。

6　『檄檃』成立の歴史とそこに見る生徒の「自主」

小羽田誠治

はじめに

歴史とは往々にして、勝者の歴史であり権力者の歴史であるが、社会史を専門とする私としては、その舞台裏を支えた者たち、あるいは陰に隠れた真の主体に関心が向く。学校が教育機関であるからには、その真の主体は学生・生徒であると言えるだろう。しかし、彼ら彼女らの声は通常小さく、また未熟であるがゆえに、ないがしろにされ、あるいは復元が困難であったりする。

本稿では『檄檃』がメインテーマであるが、私にとっての課題は、生徒たちがそこにどのように、またどれほど関わっていたのか、ということを明らかにすることである。明治以来、近代日本において「民主」の確立が大きな課題の一つであったことは疑いないが、それに通ずる課題を、生徒たちの「自主活動」に見出すことができるのではないかと考えるからである。そして、これはまた「学生の主体性」が叫ばれる現在にまで通ずる課題でもある。

もっとも、こうした大きな課題を考える前に、『檄檃』成立までの事実関係のレベルにおいても、今一度整理しておく必要性を認識した。このような考証作業が、体制がまだ整わず、また現存する資料も決して多くはない、明治後期から昭和初期にかけての宮城女学校の、当時の様相を復元することの一助になれば、幸いである。

文学会の創設から『橄欖』誕生まで

一九二一（大正一〇）年六月三〇日、宮城女学校において雑誌『橄欖』が創刊された。発行したのは宮城女学校文学会（以下、文学会と略記）。巻頭には当時の英語教師土井晩翠による「『橄欖』に題して」という詩が掲載されたことは、『橄欖』を知る者にとっては、広く知られた事実である。創刊に際しては、その喜びが編集後記にて率直に表明されている。(1)

　橄欖が生れた。私共の橄欖は生れました。喜んで下さい。私共は今たゞ涙ぐんで、美しい、力強い、尊い産聲をきいてゐます。土井先生の祝福の歌に、私共の橄欖の將來は、どんなに輝かしくなつたでせう。どんなに力あるものになつたでせう。

新たな雑誌が創刊されたのであるから、喜ばしいのは当然であるが、しかしこの喜びようはいかがであろうか。これを正しく理解するためには、『橄欖』が誕生するまでの宮城女学校における文芸活動の歴史を理解しておく必要があるだろう。文学会とはいかなる組織なのか。宮城女学校においてはどのような雑誌が発行されていたのか。差し当たり、これらの疑問から解決していきたい。

文学会の創設とその活動

文学会の創設については、一八九〇（明治二三）年とするのが通説のようである。というのは、『宮城學院七十年史』（以下、『七十年史』と略記）[2]、『宮城学院八十年小誌』（以下、『八十年史』と略記）[3]、『天にみ栄え』[4]のすべてにおいてそう記されているからである。特に『天にみ栄え』においては、一九一一（明治四四）年一〇月に創立二五周年記念式典が実施されたときに記念品として刊行された『私立宮城女學校一覽』（以下、『一覧』と略記）を一部抜粋する形で掲載している。また、『宮城女學校五十年史』（以下、『五十年史』と略記）に寄稿された田村たみこの「文學會の創立に就いて」と題する報告においても、以下のように述べられている。[5]

今回原田さんよりの御手紙で學校の創立五十年祭を催すから文學會の起原に就て書いて送るやうとの事ですが、何しろ四十五六年前の事で確たる記録もなく、唯記憶をたどり申し上げて私の責任を果し度いと思ひます。其頃は明治廿三年に國會が開かる時とて何でも彼んでも多數決で取り極めるので、文學會の組織も會長、書記、會計等の選擧も多數決の結果で取り極めた様な次第でありました。

しかし、当時は宮城女学校創立間もない時期でもあり、異説がないわけではない。というのも、一九〇九（明治四二）年三月に刊行された『萩の下露』第一号の「初刊の辞」においては、「宮城女學校文學會は明治二十二年の秋に始まり」と記しているのである。[6] これによれば、文学会は一八八九年創設ということになる。これはどのように考えたものだろうか。

これらのなかで最も古い、つまり創設当時に最も近いのは、唯一、一八八九年とする『萩の下露』第一号である。しかも、「初刊の辞」の執筆者の深田康守は国語教師であるから、その点においても記述の信憑性は決して低くはない。しかし、単純な誤記あるいは誤認である可能性がないわけではない。

他方、一八九〇年とする記述のなかで最も古いものは『一覧』であるが、これも時期的には『萩の下露』第一号より多少遅れる程度であるし、何より宮城女学校として学外に向けて刊行されているものであるから、いわば最も権威のあるものである。また、『五十年史』についても、本人があくまで記憶に頼っていると言っていることには留意しなくてはならないが、国会開設という歴史的出来事とともに想起したのであるから、信憑性は高そうである。

以上より、通説を確認したに過ぎないことにはなるが、文学会の創設は一八九〇年とするのが妥当であると思われる。では、文学会はどのような活動をしていたのかというと、創設当時の状況を記したものとしては、『五十年史』の記述が最も具体的であるので、以下に引用する。[7]

> 毎月雑誌を發行して其名を宮城野と名づけ、各自が書き一冊の本として應接室に置いたものです。文章、新体詩、小説、學校の報告等でありました。而して年一回大々的の大會が擧行せられて、知事閣下師團長閣下、諸學校長始め知名の士をお招きして茶菓を供して互に發展したものでありました。其頃すでに第二高等學校で文學會の催しがありまして、我が校よりも大會毎に校長はじめ役員が招かれて居りました。何でも高校でやる事は我々の學校でもやるのですからセツキスピヤーの劇があれば、此次には我校でもやると云ふた風で、高校の向ふ張りをした様な次第で男のやる事は女でも出來ると思ふて勵んで勉強したものでしたが、何しろ全校で三四十名の生徒でしたから何を相談しても直ぐ極ると云ふた様な譯でした。

即ち、雑誌『宮城野』の発行が筆頭に挙げられているほか、年に一度の大会ではシェークスピアの劇などが上演されていたことがわかる。

『宮城野』から『萩の下露』へ

雑誌『橄欖』をテーマとする本稿では、これらの活動のなかでも『宮城野』に焦点を当てるが、まず注目すべきはその発行ペースである。一八九〇（明治二三）年と言えば、宮城女学校の創立からわずか四年後であり、それだけでも当時の文芸活動に対する熱心さをうかがうことができるが、毎月一冊とは、相当なペースで発行されていたことがわかる。『宮城野』はその後、一九〇九年に至るまで、およそ二〇年間で一〇七冊発行された。(8)平均すると一年あたり五冊強であるから、発行ペースは落ちたのかもしれないが、それでも十分速いペースであると言って良いだろう。ただし、現存するものは見つかっておらず、内容については残念ながら知ることはできない。

しかし、その『宮城野』の歴史はそこで幕を下ろし、『萩の下露』に引き継がれることとなる。その経緯もまた、『萩の下露』第一号の「初刊の辞」において詳しく述べられている。(9)

されど、たゞちり失せざらんが爲にとて、僅かに、一部をかきしるせるにとゞまり、普く人の見るべきにもあらで、遂に、文箱の底のものとしもなりはてぬるがくちをしければ、いかで、かひあるさまに、なしかへばやとて、こたびよりは、活版を用ゐてその數を多くし、更に號を改め、名をも、宮城野に因みて萩の下露とぞおほせつる。みかさとまをせとよまれし名所は、名のみになりて、今は、そのなごりだに無げなるこそあたらしけれ。こは、雨にまされる大御代の惠みに、なりたゝむ子等の、作りいでむ文は、ありし秋萩の下露のしげきの如く、よみいでむ歌は、その露のきよきが如くなれかしとてなむ、あはれ、この雜誌のいや榮えに榮えて、秋萩をめづるが如く人のほめたゝふるに至らば、この會のほいなりとやいはまし。

つまり、手書き原稿一部のみしか作成しなかった『宮城野』を『萩の下露』と改名し、活版印刷が用いられることになったのである。この名前の由来はというと、神の恵みで育った生徒たちの作品が、萩の葉の下につく露のように清く、栄えるように、ということのようだとわかる。『萩の下露』は『宮城野』を発展的に継承したものと考えて良いだろう。

『萩の下露』時代の文学会の活動については、『一覧』に詳しい。[10]

本校文學會ハ明治廿三年九月ノ創設ニ係リ本校當局ノ監督指導ノ下ニ生徒之ヲ經營シ本校教職員生徒ハ當然之ニ屬スベキモノトス

本會ハ毎月一回例會毎歳一回大會ヲ開ク本年度ヲ以テ第廿回大會ヲ開クニ至レリ又本會ノ記事ヲ收録シテ雜誌『萩の下露』ヲ發行ス

これは文学会の概要を示した前文であるが、第六条には、雑誌の発行に関する規定がある。[11]

毎月一回會員ノ寄稿及ビ本會ノ記事其他有益ノ事項ヲ輯メテ雜誌ヲ編成ス

ここにおいても、「毎月一回」という発行ペースが掲げられているが、しかし、現実はそうではなかった。第一号が一九〇九年三月発行であることはすでに見たが、続く第二号は、これより一年以上も後の一九一〇（明治四三）年五月であった。また、第三号は確認できていないが、第四号に至っては、一九一四（大正三）年三月と、第二号発行から四年も経っていた。その後、第五号は一九一五（大正四）年六月、第六号は一九一六（大正五）年五月、第七号は一九一七（大正六）年五月と、ほぼ一年一号のペースに落ち着くが、当初規定されていた毎月一号とはほど遠いペースとなってしまったのである。

このことは、規程のうえからでも確認できる。『萩の下露』第四号には、『一覧』と同様の規程が収載されているが、ちょうど第六条の部分のみが削除されている。そして、『萩の下露』第五号が発行された一九一五年からは「宮城女學校文學會規定」が新たに制定されており、その第一一条では、「雜誌部ニアリテハ毎歳一回機關誌「萩の下露」ヲ發刊ス」となっている。つまり、実情に合わせて規程を改定していった過程が如実に示されているのである。

活版印刷を導入して、文学会による文芸活動のさらなる発展を企図した『萩の下露』は、必ずしも想定した成果をあげられなかったのではないだろうか。

『萩の下露』から『校報』へ

そんななか、一九一八（大正七）年一〇月、突如『校報』という雑誌が発刊された。『校報』第一号の「創刊の辭」によれば、その趣旨は以下の如くである。

「校報」の發刋に就ては、多くの辯を要しないと思ふ。本報は新しき企劃から生れ出たのではなく、實は宮城女學校文學會及同窓會より刋行し來つた刋行物を合併したものに聊か更張を加へたに過ぎないのであります。本報の刋行は年二回とし、第一回は六月、第二回は十二月に發行することに定めて置きます。（中略）叙上の如く、「校報」發刋の目的は、世の未だ本校を知らざる數多き友に宮城女學校を紹介せん希望を達すべく、本校職員、同窓會員、生徒及び校友の間に「家庭の火の消えぬ」やう斷えず燃料を供給せんことを期するのであります。

さて、このような『校報』の意義について、どのように理解したものだろうか。『校報』は「宮城女學校文學會及同窓會より刋行し來つた刋行物を合併したものに聊か更張を加へた」とは言うものの、当時の同窓会においてどのような刊行物があったのかは定かではなく、少なくとも定期刊行物と呼べるようなものはなかったと考えられる。また、『萩の下露』には教職員による講演や論考、「同窓會消息」というコーナーなども設けられており、雑誌の構成は『校報』とほぼ変わらない。したがって、何を合併し、何を加えたのか、判然としないのである。

それでは、『萩の下露』から『校報』になることで何が変わったかと言えば、大きな点としては、発行者と発行ペースの二つである。前者については、文学会から宮城女学校になった。後者については、ここに定める通り年二回が守られていたので、[12]『萩の下露』より頻度が上がっているのは間違いない。

とすると、考えられるのは、文学会による雑誌の発行が当初想定していたよりも不活発だったことを受けて、まさに「「家庭の火の消えぬ」やう斷えず燃料を供給」するべく、教職員が主導となって出版活動に乗り出した、ということである。一九一八年と言えば、宮城女学校に第二校舎が完成した年であった。また、この数年前から家政や音楽といった専攻科が設置されるなど、いわば躍進を遂げようとしていた時期であった。あるいは『校報』は「広報」に通じるので、もしかしたらこの時期に、学校としての広報活動の必要性を痛感し始めていたのかもしれない。いずれにせよ、文学会の出版活動を不十分と見た学校側の焦りや苛立ちのようなものが窺える、とまで言うのは言い過ぎであろうか。

ただし、付言しておくと、雑誌の発行は活発ではなかったものの、文学会の活動全体については、盛んになっていると見て良いのではないだろうか。というのも、一九一五年に制定された新規程によれば、文学会は文学部、会計部、雑誌部、運動部の四部に分かれて運営されるようになっており、より系統立った組織運営が図られているように見受けられるからである。

「自主活動」考（その一）

発行者に話が及んだところで、ここで一旦、歴史の流れを断ち切り、文学会という組織の性質について今一度考察してみたい。その創設に関して言えば、たとえば、『七十年史』には「本校では文学会が生徒自体の手によって創設運営され」とある。(13) また、『天にみ栄え』には「生徒達によって文学会が創設され」とあり、(14)『萩の下露』が創刊されたことに関しても「これは生徒の文芸活動の隆盛活溌を示すもの」と言う。(15) このように、文学会が話題になるとき、基本的には「生徒の自主活動」というニュアンスで語られるのだが、実態はどうだったのだろうか。

まず、文学会の会員であるが、『宮城野』時代については史料がないため、詳細はわからない。先に引用した田村たみこの「文學會の創立に就いて」には、「文學會の組織も會長、書記、會計等の選擧も多数決の結果で取り極めた」とあり、これだけ読めば、民主的な自主活動組織のように思えるが、肝心の会員資格や選挙資格、被選挙資格者が定かではないのである。それらが明らかになるのはやはり『萩の下露』時代であり、『一覧』には以下のようにある。

第三条　本會ハ宮城女學校生徒ヨリ成ル

第四條　本校職員ニシテ本會ヲ賛助シ毎月金七錢以上ノ金品ヲ寄附セラル、トキハ賛助員ト稱ス

そして、会務を処理するために、会長一名、副会長二名、委員六名を置くとしているが、第八条には以下のように定めている。

第八條　會長ハ委員會ノ決議ニヨリ賛助員中ヨリ推薦ス(16)

つまり、文学会の会員は生徒であったものの、会長は賛助員即ち教職員から選ばれていたのである。このこと

は実際の運用としても確認でき、会長および副会長は以下のとおりである。

会長・副会長一覧

年度	会長	副会長	副会長
一九〇八年	ミラー校長	村上先生	原田先生
一九〇九年	ワイドナー校長	村上先生	―
一九一〇年	ワイドナー校長	村上先生	中村先生
一九一一年	ワイドナー校長	村上先生	中村先生
一九一二年	ワイドナー校長	村上先生	小野先生
一九一三年	ワイドナー校長	村上先生	小野先生
一九一四年	ファウスト校長	村上先生	小野先生

ここから、会長は教職員のなかでも校長が選ばれるというのが慣例だったようであり、副会長もまた慣例的に教職員がこれに就いていたことがわかる。さらに、一九一五年以降の新規程においては、四部制になったことにより役員制度が改定されたが、そこでは以下のように規定されている。(17)

第六條　本會役員ハ會長一名、部長數名、委員數名ヲ置キ任期ハ一ケ年トス但シ會長ハ校長、部長ハ職員、

委員ハ生徒トス

四部制になったあとにおいては、かつての副会長を各部長と改編する形で、これまでの慣例を制度化することになったのである。

以上、文学会は史料で確かめられる限りにおいては、生徒たちを会員とする組織でありながら、その役員については、トップはあくまで教職員であった。こうした性質を理解しておく必要があるだろう。そして、そのうえで、文学会が刊行していた『萩の下露』がなくなり、宮城女学校の刊行する『校報』へと変わっていったのである。

『橄欖』の誕生

以上のような経緯を知れば、『校報』創刊から三年後の一九二一（大正一〇）年に文学会が『橄欖』を創刊したことが、なぜ冒頭に示したような喜びをもたらしたか、理解することができよう。『橄欖』はいわば、文学会再興ののろしだったのである。

それでは、『橄欖』は生徒たちの手によって作られたのか、というと、そういうわけでもなさそうである。当時の教員の一人である黒澤良平は、次のように回想している。(18)

「萩の下露」は一時中絶して居たが、大正十年から名も元祿式から聖書的な「橄欖」となりて再興された。是れは小野玉枝先生の御盡力で命名も同先生がノアの方舟の小枝からの思ひ付きかと察せられる。

もちろん、このことは生徒たちもしっかりと認識しており、自らの力不足とともに、教員（小野先生）に対する感謝の気持ちを率直に表している。[19]

私共なんの働きもしなかつたものでさへも、こんなに嬉しくつてたまらない程の感激をあたへられてゐるんですもの。御忙しい中をさいて全力をあげて編輯の事から、装訂の世話までなさつて下さつた部長の小野先生は、どんなに喜んでいらつしやるかを思はずに居られません。殊に先生は生れ出た可愛い子の名づけの親でいらつしやるんです。

しかし、それでも生徒たちがこの『橄欖』創刊をめぐって、これまで以上に主体的に関わっていたことは、この喜びよう以外に、組織の面からも推測できる。というのは、『橄欖』第一号に記された「文學會報告」によれば、これまでになかったことが起こっているからである。[20]

四月二十二日（金）放課後、寄宿舎の自修室にて大正十年度文學會委員の選擧會を開く。
例年の選擧法を改め、單數候補をあげ、會員の賛否を尋ね、會員全部の賛成を受け、左の通り定む。

と、このように記したあと、会長としてファウスト校長を選んだのち、委員長として英文科二年生の中村きくよという生徒を選出しているのである。四部長よりも先に挙げられていることからも、その地位の高さが窺えるだろう。

この委員長という役員がどのような性質のものであったのか、規程は見つからない。『橄欖』自体は雑誌部の活動によるものだったため、委員長とどこまで直接の関係があるのか、確実なことは言えない。とはいえ、わざわざ選挙法を改めたことと新たな雑誌の創刊が、単なる偶然の一致とも思われない。『橄欖』の誕生は、生徒による自主活動の高まり、あるいはそれを望んだ教職員による支援、という大きな文脈のなかに位置づけて理解するべきだと考えられるのである。

ところで、『橄欖』の誕生によって『校報』はどうなったかと言えば、註8にも述べたように、年二回のペースを維持して、刊行され続けたようである。即ち、ここに宮城女学校の『校報』と文学会の『橄欖』という体制が構築されたことになる。このことは、『校報』と差別化できたという点において、『橄欖』が生徒たちのものであるという意識をさらに強めたかもしれない。

『橄欖』初期の苦難と混乱

さて、このような紆余曲折を経て誕生した『橄欖』のその後の歩みは、どのようなものだったのだろうか。生徒の自主活動は、期待通りの成果をあげ、実を結んだのだろうか。教職員はそこにどのように関わったのだろうか。これについてもやはり、雑誌の発行状況やその母体となる組織という点から考察していこう。

文学会から校友会へ

これまで見てきたように、『橄欖』を発行したのは一八九〇年以来の歴史を持つ文学会であったが、この文学会は、『橄欖』創刊翌年の一九二二（大正一一）年に校友会と改称される。その経緯について、『橄欖』第二号には以下のように記されている。[21]

年毎に多數の姉妹達を迎へて我が文學會は次第に規模が大きくなりましたので、ここに校友會と改名して益々本會の發展を計ることになりました。

ところで、この文学会から校友会への改称についても、正確な時期については検討を要する。というのも、『七十年史』、『八十年史』、『天にみ栄え』のいずれも一九二一（大正一〇）年としているからである。[22]しかし、『七十年史』には「校友会雑誌「橄欖」が「萩の下露」に代つて創刊されたのは、大正十年（一九二一）六月三十日のことであつた。」とあり、『八十年史』には「更にこの大正十年宮城女学校文学会は改称されて「橄欖」を年一回刊行することに改めた。」とあるように、『橄欖』創刊に合わせて改称されたかのように書かれているが、[23]『橄欖』第一号にはそのようなことを示す記述は見当たらないため、おそらく誤りである。つまり、『七十年史』以下は、文学会から校友会への改称の経緯について誤った理解をしており、そのうえで一九二一年としているのである。

もっとも、上に見た『橄欖』第二号の記事には校友会が成立した日付までは記されておらず、第一号発行後の一九二一年七月から第二号発行前の一九二二年四月までの間であることしか特定できない。よって、結果的に通説の一九二一年が正しい可能性が全くないわけではない。とはいえ、実質的な活動を年度単位で考えるなら、校友会の活動は一九二二年度から始まったと言うことはできるだろう。したがって、本稿では通説を訂正して、一九二二年に改称されたものとしておきたい。

それでは、文学会から校友会へとなることで、どのような点が変わったのだろうか。『橄欖』との関わりの深いところに限定して見ていくと、一つには、かつての「文学部、会計部、雑誌部、運動部」という四部制が、「文芸部、運動部」の二部制に改編されていることが挙げられる。即ち、雑誌部がなくなり、第六条において「文藝部ハ毎歳一回雑誌「橄欖」ヲ發行ス」[24]と規定されたのである。ただ、文芸部長は二名（いずれも教職員）置いていたようであり、かつての文学部と雑誌部を単純に合併させたものと考えて良いだろう。つまり、文学会から校友会へと組織名は変わったものの、『橄欖』発行という点から見れば、特に影響はなかったと考えられる。

そして、興味深いことに、その影響のなさを自ら示すかのように、校友会とすでに改称されているはずの『橄欖』第二号においても、発行者は相変わらず「宮城女學校文學會」となっているのである。[25] さらに、編集後記も「雜誌部委員」として書かれていることも注目に値する。[26]

実は、「雜誌部委員」という呼称の方は第三号以降は用いられなくなったが、発行者「宮城女學校文學會」の方は、第七号まで継続することとなる。組織が改称されたという事実を当事者たちが知らないとは考えられないので、この混乱ぶりを理解するのはいささか難しい。『橄欖』編集委員にとっては、新たになった校友会よりもかつての文学会の方にアイデンティティーを感じていたということだろうか。これについては、後述する。

委員会の苦しみ

次に、『橄欖』における文芸活動の様相を詳しく見ていきたい。結論から言うと、生徒中心の『橄欖』の船出は、決して順風満帆というわけではなかったようである。というのは、上に見たように発行に際しては小野先生の力添えを得なくてはならなかったし、原稿の集まりとて決して十分なものではなかったからである。その辺りの事情については、第一号の編集後記に率直に語られている。[27]

> 雜誌の發行のおくれた罪も、又原稿の集らない私共の不平も、又この雜誌の內容がたとへ貧しく、つまらないものであらうとも、物足らない點も、生れ出たと云ふこの尊い事實のまへには、すべては忘れられてたゞ涙ぐんで居ります、みんな一人々々の手をにぎつて喜び合ひたい様な氣もちです。

しかし、自らの力の及ばなさを痛感しつつも喜びと希望に充ちたこれらの編集後記からは、生徒たちの意気込みがひしひしと伝わってくるだろう。その苦しみと意気込みのせめぎ合いは、第二号以降も基本的には変わるものではなかった。[28]

主に卒業生を中心としてより充實した橄欖の第二號を出さうとして私共は大希望を以て準備にとりかゝつた。けれどあまり原稿がおもはしく集らないので中途でいや氣がさした、あまりみんなが大家ぶつて書かないので何も出來ないやうな氣がして。（中略）けれどこんなものでも出來ればうれしい氣がする。

第三号は、多少とも軌道に乗ってきた兆しを感じさせるものではあるが、十分な成果を得たと言うにはほど遠い状況であろう。(29)

いつまでも產まれたばかりの赤ん坊では居れません、內からは生命が高鳴って響きます。すくすくと力が動いて來るではありませんか。やつと片言まじりに小さいお話しをするやうになりました、ずい分滑稽な會話でせう、その無邪氣なあどけない顏にあなたも思はずやさしくほゝ笑まるゝかもわかりません。しかしそれによつて少しでもあなたの心を和げることが出來ますなら私達は滿足いたします。

何といつても、やつと生長して來た子供です。未來をもつてるものだといふことを覺えて下さい、そしてまつすぐに、いゝものに大きくなる樣にいつも祈つて下さい。

そんななか、小野先生ともう一人の協力者と思しき岩間よし先生が編集から離れ(30)、第四号は生徒のみで制作されたため、その苦労はさらに大きくなった。編集委員によって感じ方は当然異なるが、それぞれの感想に耳を傾けてみよう(31)。

本號はどうしても夏休み前に出すべき豫定のものであつたが原稿の集まらないのや委員の缺席などの關係からずる〳〵延びて今頃原稿の校正等とは早くから寄稿して下すつた方々に對して誠に濟ないと思つてゐま

す。しかし止むを得ぬことであつたからたゞお詫をするより仕方がありません。

随分澤山の方々が投稿して下すつたが紙數の都合や校友會雜誌としては掲載出來ないやうなものも中にはありましたから全部をとることは出來ませんでした。例年のやうに何か英語の《ママ》もを西洋の先生にお願ひしたいと思つたのですがそれも餘り急なので間に合ひませんでした。

今度といふ今度は全く牧者もなく荒野につ放しにされた羊の群のやうに委員にのみまかせられたのでかなり苦しいものでした。どうかして美しい立派なものが生れ出づるやうにと願ふのは母のみの願ではありません。私達は毎日首を延ばして待つてゐました。が結極生れ出たものは貧弱な赤坊でした。私達は痛ましい心で眺めました。けれどもどこかしら捨てられないやうな愛着を覺えました。やつぱり私達やあなた方の尊いひとり子なのですもの。兎も龜も嬉しいことです。

あるいは生徒の間に『橄欖』に対する認知は広がり、投稿自体はそれなりにたくさんあったことを窺わせるが、いかんせん質的な面で十分ではなかったことがわかる。次の第五号にしても、同様である(32)。

第五號の橄欖をものしたことに就て委員が經驗した惱み、又申さなければならぬお詫は毎年繰り返されることと同じです。原稿が集らないこと。私ども委員の力のたりないことなど――。多くの方が橄欖は委員の手品でゞも作り出すものだと思つてゐらつしやるのではないでせうか。橄欖は「みなさま」の中に生れ出ずべきものなのです。

なお、このように毎年原稿集めに苦労していた様子は、その作品の質はともかく、ページ数として如実に表れている。第一号から第五号までの総ページ数は以下の通りである。

『橄欖』総ページ数

第一号	第二号	第三号	第四号	第五号
六八ページ	五六ページ	六一ページ	四一ページ	三八ページ

多少の起伏はあるものの、漸減傾向にあったことは明らかであろう。

だが、こうした活動も、一九二六（昭和元）年の第六号において転機が訪れる。委員たちの努力も空しく徐々にページ数を減らしていた『橄欖』であったが、創立四〇周年に当たっていたこの年は、なんと一四〇ページに達したのである。理由は、四〇周年というだけではなかった。その状況を具体的に見てみよう。[33]

> 本號は本校創立第四十年記念號として特別に編輯し在米在校生徒間に配布した橄欖と學校より卒業生に頒つ校報とを合併致しましたから橄欖の第六號であり校報の第一七號に相當します。此の合併は來年度より繼續せらるゝ者か今回限りの擧であるかは未定であります。今回の記念號に依り同窓諸姉と在校生と本校との一致の精神が一層密接となる事が出來れば編輯者の滿足是に越したことはない、同窓會の方々から又其幹部の方々から澤山に原稿を下されたことを感謝致します。

即ち、かつて『萩の下露』が一旦『校報』に改編されたのが、そこから独立する形で文学会の復興を表した『橄欖』であったが、今度は『橄欖』の方が『校報』を合併して発行したのであった。毎年原稿集めに苦労し、一喜一憂していた生徒たちの満足感と安堵が、察せられるだろう。

ところで、合併により原稿は集まったものの、翌号以降はどのようにするのかという問題をはらんでいたが、この点はどうなったのだろうか。結果として、『櫛櫳』はこのまま『校報』を合併した形となり、発行を続けた。そうすることで、原稿の問題は解決し、第七号こそ八〇ページほどであったが、第八号以降しばらくは毎号一〇〇ページを超えるものを発行することができたのである。

「自主活動」考（その二）

こうした『櫛櫳』の動向の裏には、生徒の自主活動をどう捉えるか、という視点もついて回っている。『櫛櫳』の誕生が、生徒によるこれまでにないほどの自主活動意識の高まりを表しているということはすでに述べたが、その後はどうだったのか、ということである。

実は、『櫛櫳』誕生時に置かれた役員「委員長」は、文学会が校友会に改編されるに及んで消滅した。代わって副会長一名が置かれ、教職員が選出されることと規定された[34]。

しかも、その選出方法に至っては、以下のように規定されている[35]。

第九條　會長ハ本校々長ヲ推戴シ、副會長及部長ハ賛助會員中ヨリ互選シ、委員ハ生徒ノ互選トス。

「單數候補をあげ、會員の賛否を尋ね」ていた選挙法は踏襲されず、「副會長及部長ハ賛助會員中ヨリ互選」することとなった。つまり、『櫛櫳』誕生時に見られた生徒の地位の高まりは、わずか一年で後退したのである。

しかし、このような校友会の流れと、『櫛櫳』の自主性とは、必ずしも軌を一にしない。第四号と第五号では確かに、生徒のみで――その結果大いに苦しんだのであるが――『櫛櫳』を発行しているのである。この点に、教職員が生徒を指導する形で運営していた校友会と、生徒自らが編集し文学会を名乗り続けた『櫛櫳』編集委員会との間に、棲み分けともせめぎ合いとも解釈できる微妙な関係が見て取れるのではないだろうか。

『橄欖』の編集において、校友会との微妙な関係、即ち生徒たちの自主独立への憧れや矜持を見出せる点は、他にもある。というのは、まさに教職員の手を離れた第四号と第五号においては、内容のすべてが文芸作品で構成され、他号では必ず掲載されていた校友会をはじめとする活動報告の類が、全くなくなっているのである。これは単なる偶然でも、編集上の不備でもない。なぜなら、『橄欖』編集に携わった生徒たちが何を目指していたか、第七号の編集後記に克明に述べられているからである。

今年は一昨年の様に文藝雜誌を作る豫定であつたが出來上つてみるとやはり校友會雜誌の形式をぬけ出なかつた。淋しいと思ふけれどもこれも經費の都合上致方がない。

つまり、『橄欖』は第六号以降、『校報』と合併した代わりに、旧来の形式に改めざるを得なかった。それは文学会を捨てて校友会に収まることを意味した。現実的な対応と知りつつも、夢をあきらめる気持ちだったのではないかと察せられるのである。事実、第八号からは、発行者はついに宮城女学校校友会となった。そして、これ以降、生徒たちが編集後記を書くこともなくなったようである。

以上、自主活動意識の高まりとともに誕生した『橄欖』は、苦しみのなかに夢を追った波乱の時期を経て、その挫折の末に、校友会雑誌として地位と安定を得ていくことになったのである。

おわりに

第八号以降の『橄欖』は、発行ペースやページ数を見る限り、安定したものとなった。一九二九（昭和四）年に発行された第九号からは、同窓会のための記事も増えた。それは、その前年に同窓会にて、会費の値上げ案が可決され、会費前納の会員に『檄檻』を送ることとしたことと関係するだろう。(36) そして、一九三三(昭和八)年には、規程を改定して毎年二回の発行に増やしている。こうして『檄檻』は、宮城女学校の生徒を正会員、教職員を賛助員とする校友会の発行する機関誌として、本学の発展に歩調を合わせるように発展していったのであった。

一方、『檄檻』の初期——それは同時に文学会の末期であったが——は、苦難と混乱に満ちた数年間であった。しかしここには、大正デモクラシーの時代思潮に乗ったかのように、生徒たち自らが主体となって文芸活動、創作活動を行いたいという、強い心意気が感じられた。繁栄に至ることなく、挫折とともに幕を閉じた『檄檻』初期の試みについても、私たちは記憶にとどめておく必要があるだろう。

以上、本稿では、雑誌の発行とその組織という、いわば形式的なところから『檄檻』の性質について考察してきたが、そのため作品の内実にまで踏み込むことはできなかった。生徒たちにとっての『檄檻』の意義を理解するためには、作品分析を通じて生徒たちの精神世界をより深く考察する必要もあるだろう。今後の課題としたい。

(1) 『檄檻』第一号、六六頁。
(2) 『七十年史』一一頁。
(3) 『八十年史』一〇七頁。
(4) 『天にみ栄え』二二四、四四九、八五七頁。
(5) 『五十年史』一六四頁。
(6) 『萩の下露』第一号、一頁。
(7) 『五十年史』一六四頁。
(8) 『萩の下露』第一号、一頁に「宮城女學校文學會は明治二十二年の秋に始まり、つぎ〳〵にものして、それが雑誌を宮城野となづけ、號をかさねて、すべて、百〇七號とはなりぬ」とある。
(9) 同、一一二頁。
(10) 『一覧』三一頁。
(11) 同、三二頁。
(12) 筆者が確認できた『校報』は第一号から第四号までであり、その範囲においてのみ年二回であったと断定できる。ただ、後述するように、一九二六年に刊行された『橄欖』が、『校報』第一七号との合併号であったことは確実であるので、一九一八年から一九二五年までの八年間で一六冊が発行されていたこととなり、年二回のペースはほぼ間違いないであろう。
(13) 『七十年史』一一頁。
(14) 『天にみ栄え』二二四頁。
(15) 同、四一二―四一三頁。
(16) 以上、『一覧』三一―三二頁。
(17) 『萩の下露』第五号、七九頁。
(18) 『五十年史』一六五頁。
(19) 『橄欖』第一号、六六―六七頁。
(20) 同、六三頁。
(21) 『橄欖』第二号、四九頁。
(22) 『七十年史』二六頁。『八十年史』三六―三八頁。『天にみ栄え』八六三頁。
(23) 『天にみ栄え』には、改称されたという〝事実〟が記載されているのみである。
(24) 『橄欖』第二号、五〇頁に掲載する「宮城女學校校友會規則」による。
(25) 同、奥付。
(26) 同、五六頁。
(27) 『橄欖』第一号、六六―六七頁。
(28) 『橄欖』第二号、五六頁。
(29) 『橄欖』第三号、六〇頁。
(30) 同、六一頁。
(31) 『橄欖』第四号、四〇頁。

(32)『橄欖』第五号、奥付。
(33)『橄欖』第六号、一二九頁。
(34)『橄欖』第二号、五〇頁に掲載する「宮城女學校校友會規則」による。
(35)同。
(36)『七十年史』一四三頁。

7　あらたなる希望の花を胸に秘め

──宮城女学校生徒による短歌の世界（一九一〇―一九四〇年）

栗原　健

青々とした松の木や、天までとどくやうなポプラの木や、銀杏桜等の木にかこまれて、建つて居る赤煉瓦のスクール‼ 之れは私共の大好きな学び舎で御座います。校舎の裏には、広い校庭が御座いますそ（ママ）して、クローバーが生え茂る頃には、二百余の姉妹達が、暖かい春の日光を浴びながら、テニス、ブランコ、バスケツトボール等の面白い遊びを致します。

テニスのお上手な四年級のS様は、我が校に於ける運動家で御座います。又、熱心な姉様方によって催される秋の文学大会は、我が校の誇とする所で御座います。校長先生をはじめ、皆御やさしい先生方でいらつしやいまして、常に私共を、愛と、正義とを以つて、御導き下さいます。一日の業を始むる前には、是非神様に、『今日一日を罪少なく、清くおくらせて下さいませ。』とお願ひし、又、切に祈るので御座います。（略）私はこんなに清い学び舎に学んで居る自分を、ほんとに幸福に思つて居ります。

（澤口勝子「我が学校」[1]）

文芸を愛する宮城女学校の有志によって結成された宮城女学校文学会は、一八九〇（明治二三）年以降、機関誌『宮城野』『萩の下露』『橄欖』を生み出して行った（この変遷の過程については、小羽田誠治の論考に詳しい）。ここには生徒・同窓会員等の手になる論説、随想、短編小説、戯曲、翻訳、詩、紀行、短歌、童謡、行事参加の手記、近況報告等が掲載されており、当時の在校生や関係者たちの肉声を伝える貴重な史料となっている(2)。

冒頭に掲げた一文は、『橄欖』創刊号に収録された二年生の作文である。書き方はこなれていないが、当時の少女小説を想起させる麗しい空間として自らの学校を表現したい生徒の意欲が伝わって来る。このような学校生活を送りながら、彼女たちの胸にはどのような想いが去来していたのであろうか。

本稿の目的は、『萩の下露』『橄欖』に掲載されている短歌をたどることにより、当時の生徒たちの日常生活と、そこで展開されていた心象世界を垣間見ることである。無論、こうした作品は文芸創作であって、実際の生徒の体験や心情をそのまま活写したものとは限らない。単に個人的な情景を描いたもの、少女雑誌等に掲載されている挿絵や文学作品から想を得たものも多々あると考えられる。また、学校生活の喜びを詠んだ歌よりも心の葛藤や痛みを描いた作が多いのは、そのようなテーマこそ歌の材料としてふさわしいと考えられていたためであろう。題材に偏りがあることは否めない。

しかしながら、身近な者に読まれることを想定しつつ公刊された作品である以上、生徒たちが分かち合っていた想いや関心事、かくありたいと願う憧れの姿がここに表現されていることは確かである。心の断片を切り取ることができる短歌は、現在のSNSのようなつぶやきを伝える媒介であったと言える。或いは、自分が見せたいイメージを自撮りして公にすることに近いのかも知れない。ここから彼女たちの心性や美意識をうかがうことができよう。

本稿では、「学校風景」「友情」「煩悶の情」「望郷の念」「死者を偲ぶ」「信仰と祈り」「明るい日常」「社会への反応」「幻想と恋」のカテゴリーに分けて、生徒たちの作品群を紹介していきたい。各歌の後には作者名、記載の雑誌（『萩の下露』は『萩』、『橄欖』は『橄』と表す）と号数、頁番号を付け加える。作品中の漢字は、読みやすさを考慮して旧字体から新字体に改めたが、仮名づかい、送り仮名は原文のままとしてある。繰り返しを示すくの字点は「〱」「〲」と表記した。なお、本稿で使用している各雑誌の刊行年は下記の通りである。一時期の間、年刊ではなくなっている。

『萩の下露』第二号（一九一〇年／明治四三年）四号（一九一二年／明治四五年・大正元年）
『橄欖』第一号（一九二一年／大正一〇年）二号（一九二二年／大正一一年）三号（一九二三年／大正一二年）四号（一九二四年／大正一三年）五号（一九二五年／大正一四年）六号（一九二六年／大正一五年・昭和元年）七号（一九二七年／昭和二年）八号（一九二九年／昭和四年）九号（一九三〇年／昭和五年）一〇号（一九三一年／昭和六年）一一号（一九三二年／昭和七年）一二号（一九三三年／昭和八年）一三号（一九三三年／昭和八年）一四号（一九三四年／昭和九年）一六号（一九三五年／昭和一〇年）一九号（一九三七年／昭和一二年）二一号（一九四〇年／昭和一五年）

学校風景

よく出来し今日の試験に身も軽くかへる家路の桃の花かな（川下美智子『橄』一四、八二頁）
宿題をせずに寝た夜の夢路には必ず見ゆる先生の顔（伊藤京子、同）
そよ〱と睡りをさそふ春風の吹き来るなり教室の窓（鈴木嘉子、同八三頁）
復習は床の中でと寝ねたれどたちまち夢になりにけるかな（多恵『橄』九、一二一頁）
目をとぢ《（ママ）》て明日の宿題思ふ時のどかにひゝくピヤノうらめし（篤子、同一二〇頁）

熱心な講義を外にしみ〴〵と見入る蒼空のいと美しき哉（瑛子『櫛』二、四六頁）
洩れて来る青葉の風の涼しさに今日の試験の苦労忘れぬ（丹野静子『櫛』一六、二五頁）
聞く人の心々にまかせ置きてさりげもなしや寄宿舎のベル（そよ女『萩』四、一六頁）

いつに変わらぬ学校風景を詠んだ歌であり微笑ましくなるが、こうした日常をユーモラスにとらえた歌は少数である。歌材として卑近で美意識に欠けるものとされたのであろうか。恐らく、戯れに詠まれたために生徒の側も投稿するに値しないと考えたのであろう。最後の一首は、時刻を伝えるベルに追われて慌ただしく一日を過ごす日常を描いた作文に添えられたものである。

学舎や寮での何気ないひとときをとらえた作品は、抒情的で印象深い。ビジュアルで想像すれば、中原淳一や加藤まさをが描く女学生を彷彿させるものがある。

寒き夜にピアノを弾けばほのかなるいぶきにくもる白き鍵盤かな（美枝子『櫛』九、一二〇頁）
心地よき球うつ音す小春日の日影さやかに我が頬に照る（工藤信江『櫛』一六、三五頁）
秋たちぬ吾や画筆の手をとめて静かに高き夕雲を見る（こほろぎ『萩』二、五九頁）
夕されば宿舎の窓にたゞ独りおち葉かぞへつゝ歌思ふ我（野ぎく女、同六〇頁）
ローレライ口すさみつゝ佇めばそこはかとなくくれそめにけり（S子『櫛』一、五八頁）
トランプの獨り占ひにもやゝ倦みてハートのAをぢつと凝視《みつむ》る（渡邊智慧子『櫛』八、六四頁）
もくれんの散りこし花の一ひらの香をなつかしみ本にはさみぬ（佐藤みわ子『櫛』一四、八四頁）
はてしなき心の幸を夢みつゝクローバさがすあはれ乙女子（佐藤てる子『櫛』一六、二六頁）(3)
静かにも澄める朝かな木犀のかほり流るゝ窓の髪梳く（黒蝶女『櫛』二、一一三頁）

素直な想いにクスリとさせられる作品もある。英子の歌は、誰しも身に覚えがある。瑛子の歌は、おそらく友人と喧嘩したか教師に叱られ、むくれていた時の体験なのであろう。

元日の初日の光身に浴びて今年こそはと力む我かな（英子『檞』九、一二一頁）
人間というものはかくもやさしきかとひよつとおどろき面あげてみぬ（瑛子『檞』二、四六頁）

友　情

学校生活において不可欠な要素が、喜びも悲しみも分かち合える友人の存在である。

撫子の露美しき朝の野を素足うれしみ君とゆくかな（虞美人草『萩』二、五九頁）
わが祈禱り友か《ママ》なやみを癒すべき力あらじか神よと泣きぬ（白鳩『萩』二、五七頁）
しろがねの水の中よりいづる月めでゝ笛吹く友とわが身と（ゆき子『萩』四、三七頁）
笑ふこと少なくなりし我故に友ももだして春の山行く（丘『檞』四、一三頁）
学校に一人淋しく急ぐ時道に逢ひたる友そ《ママ》うれしき（江子『檞』九、一二〇頁）
ソプラノで我のうたへば我が友はアルトで和する若草の野辺（丹野静子『檞』一四、八三頁）
去年の夏友と遊びし砂浜の真白き貝もなつかしきかな（工藤信枝『檞』一六、三五頁）
まなびやに三年のひまにむすぼれし友のなさけをとはにおぼへん（及川トキコ『檞』一〇、一三八頁）

この時期の少女小説等でしばしば描かれるのが、「エス」と呼ばれる生徒同士の友情である。「エス」はSister

の略であり、先輩生徒が後輩生徒と姉妹のような親しい関係となり、愛情の絆を深めることを指す。[4]『橄欖』第五号には、「江須愛」（「エス愛」の意であろう）なるペンネームを掲げた生徒が、親密な友情を詠んだ歌を投じている。

何ごとも言はずある時更によしたゞに瞳を見詰め笑めるも（江須愛『橄』五、二一頁）
はしたなき女ぞ我は君見れば胸によらずば慰まぬかな（同）
来む春をこよなく待つも君と我夜のまち歩む別れむ前の日（同）

珍しいのは、失恋をした友に向き合う悩みを詠んだS（これも「エス」を暗示するのか、単なるイニシアルであるのかは定かでない）による一連の歌である。現実の恋愛沙汰を描いた作品を誌上で公にするとは考え難いため、想像上の光景を描いた歌なのであろうが、実際にこのような体験をした生徒もいたことであろう。そのためか、ドラマの一場面のように真実味がある内容となっている。

失なひし恋を悲しむ友どちと河原に立ちて言葉もあらず（S『橄』一〇、一三七頁）
あきらめてただあきらめて生きんなど友の語るにわれはもだしぬ（同）
恋さへもすてゝ嫁ぐといふ友の言葉かなしも河原に立ちて（同）
何事もみこゝろのまゝよ何事もなど云ふ我のくちびるさむし（同）

不在の友を想う歌は数多い。故郷に残して来た旧友、転居して学舎を去った親友は無論のこと、夏季休暇中の別離であっても友が懐かしく思われることに変わりはない。しばしば、友に手紙を書く場面や来信を待ち侘びる場面が描かれることになる。

事とはん空かけり来るかりがねよあづまの友はつゝがなくてや（野ぎく女『萩』二、六〇頁）
またしても夢にあこがれ去り行きし友なつかしき灯ともしの頃（宵待草『櫛』九、一一九頁）
とも〳〵《（ママ）》にあゆみし道を一人ゆき名もなき花に君をしのびつ（千葉綾子『櫛』一〇、一四一頁）
秋の宵窓をひらけば菊の香の胸にせまりて友の恋しき（某生『櫛』一三、八一頁）
停車場に友を送りし思い出のいとも淋しき五月雨降るも（佐藤光子『櫛』一四、八一頁）
春の日に野辺に立いでしみ〳〵《（ママ）》と遠く離れし友思ふかな（熊谷とし子、同八三頁）
書き終へし友への便りだきしめて外にいづれば夜風身にしむ（佐々木節子、同八一頁）
一枚の葉書の裏にその友の笑ふ顔さへ見ゆる心地す（ゆり子『櫛』九、一二〇頁）
淋しさに古き手箱を取り出せば恋しき友の細き筆あと（きみ子、同一二〇頁）
故郷の友の便りの封切ればほのかに磯のかほり漂ふ（S『櫛』一四、六九頁）
いかにせむ今日も今日とて待ち侘びし友の便のいつか来べきぞ（工藤信枝『櫛』一六、三五頁）

すれ違いや仲違いは友人関係においては付き物であり、トラブルを詠んだ歌も度々見受けられる。

もうこれから口をきかじと思ふ日に馬鹿にやさしく見ゆる友哉（瑛子『櫛』一二、四六頁）
性故と思へど友の雑言を強く気にして涙する我れ（道子『櫛』一〇、一四〇頁）
いさかいし後のしじまの寂しさよ夜空あふげば星一つとぶ（H・U『櫛』一〇、一四〇頁）
良き友と仲互《（ママ）》ひせし今頃はその淋しさに歌うたうなり（美秋『櫛』一一、九六頁）

けんかしたあとの寂しさ唯独り路の石ころけりつゝ帰る（戸田春子、同九六頁）
思ふこと云はず語らずまさびしく別れし友のこのかなしさよ（同九七頁）
たはむれのすぎて友をば泣かしたる後の心の深くさびしき（鶉橋かつえ『檞』一四、八一頁）
我ならばかくはいはしと思ひつゝ友の語るをきゝて居るかも（小島弘子『檞』一六、二五頁）
吾を誣ふる言葉を聴けり穿てりと肯かれるが憎しと思ふ（和泉幸子『檞』二一、二二頁）
人は只恨み悲しみ憤り斯くてぞ日々は過ぎ往くものか（同）

友の変化に寂しさをおぼえるものもある。そよ子の歌は、東京に行った友と再会した際の印象を詠んだのであろう。

ゆくりなく一とせ振りに相見れば君は都の少女なりけり（そよ子『萩』四、三七頁）
久々のともに逢ひてのよろこびに我ゑみたれど友は笑はず（加藤清子『檞』一四、八三頁）

出会いと別離を繰り返すことに倦み疲れた声も見られる。

会ふものは別るゝものと定まれる人の世の掟うらめしきかな（俊『檞』八、一三四頁）

心を許せる真の親友がいないことを嘆く歌も登場する。女学校を舞台にした少女小説がこぞって友情のうるわしさを称揚していた分、そのような体験を出来ずにいた生徒はプレッシャーを感じていたことであろう。

打ちとくる友持たぬ身のしみ〲と淋しさしむる此の頃のわれ（H・U『檞』一〇、一四〇頁）
語るべき友ゐなければ青空を仰ぎてひとりおくれ毛をかむ（工藤信枝『檞』一六、三五頁）

友情にどの程度理想を求めてよいものなのか。古山すみ江が書いた「日誌の中より」の末尾に付けられた議論（『檞欖』第二号収録）には、彼女たちの相反する本音が現れている。

A「私は浮薄な友は必要ない、どうして友を信んじて自分のすべてを語ることが出来やうか自分自身さへ分からないものが人の心を知ると云ふのは間違つて居る友を知ろうと思ふ前に自分自身を知らなければならぬ」

B「私にはそれが出来ません、余りに淋し過ぎます孤独の生活私には考へたくありません友に裏切られてどんなに苦しんでも私は友が欲い」（『檞』二、三八頁）

煩悶の情

上記のような交友関係の悩みとは別に、特定の原因も無く寂しさをおぼえて悩むこと、劣等感や孤独感に苦しむことも青春時代の一部である。やり場の無い煩悶の情を手早く表現するには三十一文字は格好の表現手段であり、こうした憂愁を詠んだ作品は多い。殊に、自らの「若き愁」を白く光る夕顔に比した「虞美人草」の一首は、なかなか情緒がある。

夕顔やほのかに白うわが若き愁にも似てうす闇に咲く（虞美人草『萩』二、五九頁）
かなしみの鳥はひまなくわが胸をやどり木として啼きぬ世は春（木蓮、同五八頁）

よもすがらねむりもやらずねやの中に物思ふころを落栗の音きく（野ぎく女、同六〇頁）
思はじと文を読めども束の間も灰色の憂我を離れず（椰野葉子『櫛』五、二二頁）
いたづらに成すこともなく去りて行く年を思へば涙ぐましも（加藤きよ『櫛』七、五六頁）
悲しさにつと窓の辺に立よればかすかに揺る丶紫陽花のはな（橘川静江『櫛』八、六六頁）
憂愁にうちとざされし吾が胸のくらきにも似て迫る薄闇（W『櫛』八、六四頁）
もの皆は幸の多くみえて唯一人うなだれて歩む正月の夜（同六四頁）
何がなく口とくことのいとはれて今日も淋しくほゝゑめぬ（同六五頁）
耐へかねて人をしのひぬ《ママ》今更に乙女心のはかなさを知る（千葉綾子『櫛』一〇、一四一頁）
つかれたりあこがれもなく夢もなき深き眠りを我にあたへよ（美秋『櫛』一一、九五頁）
小夜時雨窓にうつ音の寂しさよ我が身我胸知る人もなく（戸田春子、同九七頁）
寂しさに河原に行きて慰めに砂一面に字をかきにけり（新妻勝子『櫛』一四、八三頁）
ひねもすを風吹き荒れて散り敷ける病葉のごと落莫たる心（和泉幸子『櫛』二一、二二頁）

童心を失いつつある自らを悲しむ歌も見られる。そよ子の歌では、変わりつつある自分の心とのコントラストとして、記憶の中で変わらずにいる幼馴染の友人を考えているのであろう。

一とせは一とせ毎に荒み行く胸になつかし幼な友達（そよ子『萩』四、三七頁）
あまりにも孝の心の消え果てて悲しく思ふ今頃の我（美秋『櫛』一一、九五頁）

何か衝撃的なことがあったのか、絶望の悲しみを書き連ねた作品も見られる。心の鬱のために朝起き上がることもできない若者がいることは、今日も変わらない。

生きの身《（る？）》の望なければ朝の日かがやき照れど起きたくもなく（くちなし『橄』八、六一頁）
吾胸は涙のうつぼ其涙こぼさじと今日もたへてたへたる（同）
幸福はつひに来たらずと云ひつゝも尚心秘かに待つ哀れさよ（渡邊智慧子、同六四頁）

自身の心や社会の姿に偽りを感じ、嫌悪感をおぼえることもある。左の三首目の歌は、明らかに与謝野晶子の「やは肌のあつき血汐にふれも見でさびしからずや道を説く君」を意識している。学校で語られる高尚な道徳論と現実社会の実態との乖離に疑問をおぼえたのであろうか。

底知れぬ偽に染み底知れぬ我をも知らで人の道ゆく（菊地つね子『橄』七、五五頁）
悲しきは偽に泣く我心偽りてゆく人のすがたよ（同）
人の世の矛盾になきて人の世に道を説く人悲しからずや（同）

自らの姿に疑問を抱き、弱さを嘆く歌も存在する。

唯清く生きんとするは何故ぞ涙ぐましき此の頃の我（ゆり子『橄』六、二六頁）
いささかの事に涙す弱き我強くなりたし強くなりたし（工藤信枝『橄』一六、三四頁）
泣くまじと唇かめど湧き上るこの胸ぬちの憤りかも（同三五頁）

上の三首を読んで思い出されるのが、『橄欖』第一号に掲載された聖書科二年生のT子による「断片集」の言葉である。聖書と対峙して内面を省みる聖書科生ならではの葛藤と見ることもできるが、心情としては上の歌の筆者と相通ずるように思える。今日も同様の想いを抱いている若者は少なくないであろう。

「自分はほんとうに仕様のない人間だと愛憎（愛想）がつきる。貧しいと思ふ。無能だと思ふ。ぶちたくなる。ふみにぢりたくなる。けれどこんな小さな力で。こんな貧しい力で。人なみに『生きたい！』ともだえて、あがえ《（い）》てゐる事を思ふとそのいぢらしさに、泣かずに居られなくなる」

「胡魔化す事はいけない事だ。胡魔化す事は恐ろしい事であると思ふ。けれどももしも胡魔化さなかつたら生きて行けない弱い事をどうしやう」（『橄』一、三七頁）

しかし、こうした心の淋しさは、人と人をつなぐものになることもある。T子はこう書く。

「人の心の淋しさを見る時。冷たさを見る時。悲しい程の人間性の善良さと弱さを見る時。真実の自分の姿をはつきりと見る事が出来る。神の光を感じる事が出来る。その時に私は淋しいんだ。淋しいんだみんなが淋しいんだと涙ぐまずに居られない事を感じる」（同三八頁）

望郷の念

孤独感が増す一つの要因は、故郷が慕われることであった。年若く肉親から離れて寮生活をする身では、学業や交友関係で困難にぶつかるたびに望郷の念が募ったであろう。実家への想いを綴った文章は誌上に時折登場する。「あゝ、私は故里が懐かしくてたまらない。故里を眺めてはおもはず涙にかきくれ〔る〕のであります。私の家はあの奥羽山脈の蔭にあるのです。心のさゝやきは、始終『あの山越えてあの山越えて』といつて居ります」（齋藤きよ子『檞』一一八頁）。当然ながら、こうした慕情は歌にもしばしば詠まれることとなる。

しもやけのいたさに一人ねむられず只故郷の夜を思へり（篤子『檞』九、一二〇頁）
舎の窓にもたれておれば何となう里の夕暮れ思ひ出さるゝ（美秋『檞』一一、九六頁）
故里を遠くしのびつ文机にむかひてあれば母の面見ゆ（某生『檞』一三、八一頁）
何時しかに暮れ行く空を眺めつつ遠き故郷しみじみ想ふ（S『檞』一四、六八―六九頁）
なつかしき故郷よりの小包に糸とく暇ももどかしきかな（同六九頁）

思わぬところで故郷の母の愛情を思い出すこともある。「母の日」に学校で配られたカーネーションである。

母の日に紅のカーネーションを胸にさし母健やかにとはるかに祈る（水濱《みきわ》『檞』一四、七三頁）
たらちねの子を思ふ心をしのびつゝ夜毎の月に母をぞしたふ（同）

死者を偲ぶ

懐かしむものは故郷だけでなく、亡き肉親や友人のことも含まれる。身近な死者を偲ぶ歌は相当数を占める。実際に在学中に親兄弟を喪った人は少なくなかったであろうし、一九三二（昭和七）年一月に奈良で発生した電車・バスの衝突事故に巻き込まれて死亡した伊東文子（英文科三年生）のように、生徒が急逝することもあった。[5] 収録されている文章の中にも、友の死に驚かされた体験を記した手記や追悼文、弟の死に寄せた詩文なども見られる。[6] 死が日常の近くに存在していたことが感じられる。

何となくただなんとなく物悲しち、失なひし我身の秋は（野ぎく女『萩』二、六〇頁）
いたつきの枕に寂し秋雨や逝きにし友のさゝやきに似て（しづ江『萩』四、三七頁）
去年の秋喜び迎へし師の君のはや在さぬがいとうら悲し（『櫛』野葉子『櫛』五、一二二頁）
ぬば玉の黒きとばりにまたゝける星見る度に母ぞしのばる（ゆり子『櫛』六、二六頁）
花散ればちゞにくだくる我胸は亡き母上やなつかしみてん（加藤きよ『櫛』七、五六頁）
去年の春思へば悲し亡き友の遊びてありし時にぞあれば（同五七頁）
さめてなほ母の面影しのびつゝまくらつめたき明け方の空（菊子『櫛』九、一一九頁）
母さんと呼はんとすれば姿なく唯残れるは涙のみなり（百合子『櫛』九、一二二頁）
亡き母のかたみとなりしこのはれ着短くなりて我は悲しき（みのり、同一二〇頁）
音もなく降る雪の夜の静けさにおもひそ出づる母のおもかげ（英子、同一二一頁）
独楽遊び見る度毎にありし世の小さき弟を思ひだすなり（よしえ、同）
夕まぐれ小暗き空に只一人亡き母上を思ふ我かな（同）
窓越しにふる紛《ママ》雪をながめては永久に去りにし妹思へり（悦子、同一二〇頁）
亡き兄の思ひ出なりし矢車の芽ばえ出でしと語る朝かな（S『櫛』一〇、一三六頁）
我ために夕餉とゝのふありしは〔日？〕の母の恵を憶ひ出でて泣く（緑瑤女『櫛』一〇、一三八頁）
昇り行く母のみたまを打ち狂ひ狂ひ呼べども詮なかりけり（同）
母といふ名のみ残れる一塊の冷たき石と変りたまひぬ（同）
愛の主に母のみたまをゆだねつゝなほ涙する弱き身を泣く（同）
浜の子が拾ひてくれし貝がらは亡母上の指つめに似て（同一三九頁）

父あらば若し父あらばと思ひつゝ父てふ文字を書くぞわびしき（H・U、同一四〇頁）
いまは亡き友のこころを忍びつつこよなく愛でしコスモスを祈〔折〕る（S『橄』一四、六八頁）
ほゝえみの消えぬほのかの面影を迫る夕べにうつしうかべぬ（同）
いつとなく心静まり亡き人を思ふ我かなけふもきのふも（工藤信枝『橄』一六、三五頁）
おのがふむ落葉の音のなつかしき夕べの庭に父を偲びつ（志賀恭子『橄』二一、二四頁）

死の影がさすこともあるため、身近な人の病には心が重くなる。

せ戸のびわ花咲きたりと云ひし日は君病み初めしその日なりとか（暁星『橄』七、五五頁）
紅の梅散る夕ふるさとにながき病の友に逢はんとす（千葉綾子『橄』一〇、一四一頁）
父やみてラヂオもかけずひつそりと淋しきまゝに日は暮れにけり（加藤清子『橄』一四、八三頁）

やがて思いは、自らの死のことに至ることもある。

カチ〳〵とセコンドのみは絶間なし此の世を去りて何処にぞゆく（ゆり子『橄』六、二六頁）

信仰と祈り

キリスト教校として、学校生活の中心に置かれているのが信仰と祈りである。寄せられた論説や随筆の中にも信仰について述べたものがしばしば見られる（批判的な声も含まれる）。『橄欖』第八号以降は、前年夏に開かれた御殿場での基督女子青年会（ＹＷＣＡ）修養会に参加した生徒たちの手記も掲載されるようになり、会場で学んだ事柄や感想が披露されている。短歌の中にも信仰を扱ったものが少なからず存在する。下記の歌のうち、冒頭のものからはツリーとロウソクを飾った明治末のクリスマス礼拝の様子が見て取れよう。

常盤木の緑に映ゆる聖燭《みあかし》のもとに額伏せ祈禱りする宵（白鳩『萩』二、五七頁）
星清き夜なり静けき野にたちて神の聖旨《みむね》をたゝへつゝ居ぬ（同）
神の道ゆけどはるけし吾未だ召されぬものかこゝにまどひぬ（同）
二度《ふたたび》はそむかじとしも主にちかひてまたも破りて罪に泣く身や（同）
悪くとも悔ひたる時ぞ人の身は貴く光る器にぞある（加藤きよ『橄』七、五七頁）
苦しみの時のみたよる弱き身を投げすてまほしほろびの国へ（同）
雲よいざ雨よふれ〳〵風も吹け我はひたすら天を仰がん（橘川静枝『橄』八、六五頁）
新しく尊き神に祈らまし雪つむ松に初日にほひて（同六五頁）
美しき星の光を身に浴びて今宵も静かに一人祈りぬ（T、同六七頁）
ほがらかに鳴く鳥の声きこゆなり神のめぐみの朝のきたれば（同）
一日のつとめをおへて祈る時神のめぐみのせまり来るなり（戸田春子『橄』一一、九七頁）
信ぜじと口には言ひつ祈らではやまれぬ心悲しかりけり（同）

『橄欖』第九号には、大病から回復したのか、試練の意味と自らの前途について思いめぐらす聖書科三年生の歌が七首掲載されている。

数多き数の中より数ならぬわれを選びし神の尊さ（千登世『橄』九、一一五頁）

いかなればかよわきものを試むる慈愛の父の心知らず（同）
いとし子を愛すればこそ鞭うたむ聖き怒りはわれをつゝみぬ（同）
みむねなら苦き杯うけまほし君に従ふわれなればこそ（同）
宮城野に棄つるいのちは惜しからずただゆく道を照らせわが神（同）
癒されて学びの道にたちかえり心ゆくまで聖書に親しむ（同）
土くれにひとしき身をも棄てまさでとり上げ給ふ神のみめぐみ（同）

続くページに「死よ汝はいづくに在りや」と題して掲載されている一連の歌は、信仰告白をして洗礼を受けた生徒の作品のようにも見受けられるが、背景は定かではない。

あゝ吾れはうれしきかな主はじめてぞ君を喜ぶ吾れとはなりし（津多枝『橄』九、一一六頁）
くろ土に萌え出し身のうれしきか吾れも同じぞ新しき身ぞ（同一一七頁）
天地はくしくもあるか宇津し身をあはせ給へりみ手のわざなれや（同）
あゝただ主許させ給へ吾が心みづからにのみ誘はれ来し（同）
今日のこのひと日を君に捧ぐこそ生けるいのちに如何にとほとき（同）
うれしきは此の天地を歩み来て君を見い出て吾れ慕ふこと（同）

『橄欖』第一三号に掲載されている聖書科生徒（某生）による四首の歌は、そのまま讃美歌になりそうである。

ぬばたまの、やみにさまよふ、羊らよ心して見よ、「光」！輝く。（『橄』一三、八一頁）

行く道は、一筋なれど、弱きため闇路に迷ふ、此の頃の我（同）

うき事のすべてをイエスの十字架にまかせてたどらん、主の正道を（同）

ひたすらに、祈る心の静けさに一日の罪もゆるさるゝ心地す（同）

『橄欖』第一四号には、父を喪ったT子が郷里から仙台に戻る列車の中で詠んだ一四首の歌（「父みまかりて」一九三三年五月九日付）が載せられている。苦しみに向き合いつつも、神の導きに信頼を置いて歩み続ける堅固な信仰を表明するものとなっている。

野をも越え山をも越えて走り行く車窓にもたれ物思ふかな（『橄』一四、五八頁）

人生に死と云ふ影の厳然と地をば圧して立つを覚ゆる（同）

緑萌ゆ自然の姿眺むれど父亡き子にはいとど淋しき（同）

ハラ〳〵と散り行く花の影を追ふ我の眼ぞ何時かうるみぬ（同）

都さし帰り行く身に幸ぞ待て父亡き子には凡て悲しき（同）

母上よあまりに早やく訪づ《（ママ）》れし悲しみ背負ひ歩み給ふか（同）

我が行手如何になるかは闇なれど神に託さん只信じつつ（同）

波よ立て嵐よ吼えよ恐れまじ死の影目指し我は進まん（同）

骨肉の情こそいとど尊とけれ我育くまん聖く正しく（同）

厳粛なる人生の岐路に物思ふ心ぞ永久に我のかたみそ（同）

終で耐え忍ぶ者は救はると宣ひし主を只信じ行く（同）

悩みをば背負ひつつ只に進み行く人の姿ぞ実に尊とけれ（同）

張りつめし心もややに弱り行く日も傾ぶける車内の一隅（同五九頁）
何事も忘れつ只に励まなん光り輝く港目指して（同）

続く頁にT子は思索を書き連ねた後、四つの歌を書き添えている。

弱まれる我が身と魂をみな捧げ我は行きなん十字架の道（『檄』一四、六〇頁）
幾度か逃れんとする心強まれど尚止め給う神の御愛（同）
萌え出づる若芽ぞほのかに匂ふなれ寒さ《（き？）》冬にも春は迫りぬ（同）
人生とは激しき戦ひの営みぞ今日も歩まん光望つ（同）

明るい日常

とはいえ、生徒たちは人生の苦悩や葛藤ばかりを歌に託していたわけではない。屈託の無い日常、家族との胸あたたまる時間を描いた作品も見られる。

たのしげにひいふうみとお正月よび出たさるゝ羽子の音かな（節子『檄』九、一二一頁）
尾をふりて我があとさきを馳けめくる犬もうれしき朝の草原（三枝、同）
我が張りし障子の手きはよく目立ち光まふしき冬の朝かな（ゆり子、同一二〇頁）
なつかしき友のたまへる小さき壺花さしかへて一人ほゝゑむ（とし子、同一一九頁）
雪女来るよと母にすかされし幼き時のなつかしきなか《（ママ）》（節子、同一二一頁）
叱られてなく〳〵丘に来て見れば飛ひ立つ雁もあはれにそ《（ママ）》見ゆ（とよ子、同）

梅の花画がきてありし茶碗をば求めかへりて心たのしき（S『橄』一〇、一三七頁）
すぎし日の良きも悪しきも忘れよと寒空遠く除夜の鐘なる（H・U『橄』一〇、一四〇頁）
すや〳〵とねむりについた弟はかはい、顔でほゝゑんでゐるよ（岩佐清子『橄』一四、八三頁）
始めての歌の言葉のむつかしさ指折るのみに時はすぎ行く（伊藤京子『橄』一四、八二頁）
けんくわして己れわるしと知りつゝも横目ににらむ妹のかほ（同）
まなびやに通ふ妹の足どりも喜びに満てり春日をうけて（馬場年子、同八四頁）
はてしなく遠きみ空の七つ星今宵はことに仲よくも見ゆ（山田たい子、同）
自動車の立てし埃によごれたる庭の草木を父と洗ひぬ（小島弘子『橄』一六、二五頁）
指折りて羞づかに微笑めり頰あかきをとめに我もなりにけるかな（和泉幸子『橄』一九、六七頁）
沈々と秋はなつかし爐の端に母と対ひて栗を焼くなり（同）

社会への反応

『萩の下露』『橄欖』刊行の時期は、大正デモクラシー、女性参政権運動、関東大震災、東北凶作、満州事変等、緊張が高まりつつある時であった。しかしながら、概して社会の事象に対する関心は生徒たちの文章の中では強くない。このためか、短歌においても実社会の事柄に触れているものはほとんど登場しない。

一九三七（昭和一二）年六月三〇日、ヘレン・ケラーが仙台を訪れ、宮城女学校の生徒一五〇名が仙台駅まで歓迎に赴いている。この日の夕と翌日に市公会堂で開かれた講演会には、専攻部・高女部の生徒たちも出席した。(7) このイベントに対する在学生の反応は『橄欖』には登場しないが、同窓生（二五期）の池田ふみが詠んだ四首の歌が『橄欖』第一九号に掲載されている。池田は、視覚障害を持つ友人と共にヘレンの講演会に出席していた。いささか表面的な内容ではあるが、ヘレンの生気に満ちた態度と独特の話しぶりが印象に残ったことが読み取れる。

盲聾唖の三苦を負へる人といふヘレンケーラーの面《おも》かがやかし（『櫛』一九、四四頁）
さきはひ（い）は感覚にのみ得られずとヘレンケーラーは壇上に叫びぬ（同）
三重苦を負ひつつも語るヘレンケーラーの奇しき声音に胸をつかれつ（同）
かたはらにそひて聞き入る盲目の友の涙をはじめて見たり（同四五頁）

『櫛櫳』第二一号には、日中戦争の戦況について触れた「黒蝶女」の歌が掲載されている。ラジオニュースに耳を傾け、軍事郵便を読む銃後の生活が描かれているが、敵味方を問わずに人命の喪失を悲しむ姿勢が救いとなっている。なお、「黒蝶女」は同じ号に、中国戦線に赴く途中に実家に宿泊した五人の兵士との交流体験を述べた文章を寄せており、その内容はこれらの歌とセットになっている。(8)

アナウンサーの声たかぶれり我もまた息つめて聞く戦況ニュース（『櫛』二一、一三頁）
幾万の妻が母等が心凝らし今ニュース聞く姿しのばゆ（同）
敵味方いづれ問はなく今はたゞ人の命のかなしかりけり（同）
敵前三百五十米の濠の内月明かりにて書きしてふたより（同）
月を経て届けるたより今にしておこせる人に恙有りや無しや（同）

同じ号に掲載されているこの歌も、出征した兵士の無事を祈るものであろう。場所は大崎八幡宮であろうか。

遠き子を守れと祈る垂乳根の柏手響く八幡の森（大竹利意子『樹』二一、二四頁）

そのすぐ隣にこの歌が掲載されているのは、前途に立ち込める暗雲を漠然と感じているようにも見える。

吹く風の心のまゝに寄せて散る人の運命の悲しかりけり（和泉幸子、同）

幻想と恋

作品の中には、幻想の戯れから生まれたような歌も見られる。下に挙げた歌からは大正浪漫の絵、小川未明の短編などを思い起こす人もあろう。いささか芝居がかった加藤きよの「小箱の秘密」は、思わせぶりなイメージを醸し出したい作者の意図が丸出しで微笑ましい。鶉橋かつえは実際に断髪したのかも知れないが、モダン風のショートヘアにするためだったのではないだろうか。しかし、このように歌に詠まれると物語の一場面のように見える。

我が心紫色の衣きて春日のもとに大らかに舞ふ（Y子『樹』二、四五頁）
眠るごと否（また）平安を禱るごと城の上にたつあやしきかたち（江須愛『樹』五、二一頁）
謎秘めて幾千年かスフィンクスもだせるごとく我もしかなすや（同）
解けも得ぬ小箱の秘密だきしめてうなだれ勝ちのこの頃の我（加藤きよ『樹』七、五六頁）
散りて行くダリヤの花へ口づけぬ泪ぐましきある日の我（同）
ほのかなる我が思ひにもまさりたる月を生命の宵待ちの草（宵町草『樹』九、一一八頁）
やみをのみ生命と咲きしたまゆりの寂しき花を許しませ君（千葉綾子『樹』一〇、一四一頁）

あげ舟によりて唱へるセレナーデ淋しき節に波はかなでり（緑瑤女『櫛』一〇、一三九頁）
一人来てはまなでしこを手折らんと松原ごしに夕汐を聞く（同）
たちきりしこの黒髪のすてか《（ママ）》たく紙に包みてしまふ我かな（鶉橋かつえ『櫛』一四、八一頁）

時として恋歌のように読める作品も登場する。無論、これらは実在する異性の想い人を詠んだものとは限らない。「エス」に対する思慕の表現かも知れないが、生徒たちの憧れを描いた創作と見ることもできよう。

書いて消し消してはかきぬ君が名をあはれ消え行く真白き砂に（野菊『櫛』四、一三頁）
君に似し人にあひたり晩秋の灯のちまたよひやみの頃（俊『櫛』八、一三四頁）
ねもやらで落葉の音をきく夜はただ一すぢに君ぞなつかし（同一三五頁）
うつり行く君が心を止め得ず君か《（ママ）》うつしゐ淋しく眺む（W、同六四頁）
人の世のなべての律法如何にもあれ我は行かなん君が御胸に（同六五頁）
かすかなる落ち葉の音にまと《（ママ）》はされ君かと思いいくたびか立つ（宵待草『櫛』九、一一八頁）

結　び

以上見て来た作品以外にも、相当数の歌が『萩の下露』『橄欖』には掲載されている。四季折々の風景を詠んだものや年賀の祝歌等もあるが、ここでは紹介することができなかった。いずれも生徒たちの文芸創作の豊かさを覗かせてくれるものである。こうした作品は、オリジナリティや技巧という面では決して秀逸の作とは言い難いかも知れないが、公的な学校資料からはうかがい知ることが出来ない女学生たちの内面世界や美意識を映した貴重な史料であり、他校の文芸雑誌中の作品と比較することができれば興味深い発見が期待できよう。今後は、生徒の手になる随筆や童謡などについても紹介して行きたい。
最後に、『橄欖』第一二号に掲載された高女部五年生（ペンネーム「すゞめ」）が卒業時に残したメッセージの抜粋と、『橄欖』第七号に掲載された「ＡＴ」の歌一首をもって本稿を閉じたい。制約が多い中でも精一杯生きて来た生徒たちの熱気が伝わって来るようである。

学生時代――それはぴちぴちはねかへる飛び魚のやうに元気な、そしてピンクのカーテンで包まれて空間に絵をかくやうな朗らかな時代だ。喧嘩もよくする。先生にもお説教をよく承はる。目上の人から叱られるのは常習だ。それだけ又可愛がられるのも学生時代の徳だけれども。（略）
冷たい世間が何んだ。我等は飛び魚だ若い力で精一杯働いて彼処に生くる力を見出すんだ。それが学生生活で習った立派な結晶ぢやないか。何時も希望をもち現在に生きるのが学生の本分ぢやないだらうか。
（すゞめ「巣立ち行く」『橄』一二、七〇頁）

あらたなる希望の花を胸に秘め勇みて進まんひとのまさみち（ＡＴ『橄』七、五六頁）

（１）澤口勝子「我が学校」『橄欖』第一号、一九二一年、二一―二二頁。
（２）小羽田誠治「『橄欖』成立の歴史とそこに見る生徒の『自主』」『宮城学院資料室年報』二七号、五―一八頁。『橄欖』各号の収録内容については以下に列記されている。佐藤亜紀「『橄欖』第一号―第二一号における書誌および目次一覧」『宮城学院資料室年報』二七号、三五―六三頁。
（３）実際に四つ葉のクローバーを生徒たちが探している様子を描いた文章が、『橄欖』第一号に登場する。「運動部報告」『橄欖』第一号（一九二一年）、六五頁。

（4）「エス」のイメージについては下記に詳しい。今田絵里香『「少女」の社会史』頸草書房、二〇〇八年（四刷）、二〇四―二二三頁、稲垣恭子『女学校と女学生――教養・たしなみ・モダン文化』中央公論新社、二〇〇七年、九四―一一四頁。

（5）「伊東文子さんを弔ふ」『橄欖』第一一号、一九三二年、九九―一〇七頁。

（6）例を挙げれば、及川みつ「思ひ出の記」『萩の下露』四号、一九一四年、一六―一七頁、美繪子「思ひ出と別れ」『橄欖』第二号、一九二二年、二九―三一頁、佐伯きん子「逝きし友」『橄欖』第三号、一九二三年、一六―二一頁、矢野惠智子「逝きし幸子さん」『橄欖』第七号、一九二七年、四〇―四三頁、ＹＳ「逝ける弟に」『橄欖』第七号、一九二七年、五八―六一頁、遠藤緑「或る夜亡き弟を追憶して遠き友に送る」『橄欖』第一四号、一九三四年、七九―八〇頁。

（7）「六月三十日ヘレン、ケラー博士一行零時三十九分仙台駅着のため本校高女部三年生以下百五十名尚絅高女生と共に駅に歓迎す。専攻部生徒午後七時半公会堂に於ける講演を聴聞す。七月一日午後二時高女部四、五年生生徒大越先生引卒《〔ママ〕》の下に公会堂に於けるケラー博士の講演聴聞す」『橄欖』第一九号、一九三七年、一二六頁。

（8）黒蝶女「兵隊さんと達磨さん」『橄欖』第二一号、一九四〇年、一三―一六頁。

8　宮城学院と「初週祈禱会」――押川方義を介して

松本　周

宮城学院の前身である「宮城女学校」が一三六年前（初出原稿執筆時点）に設立された。仙台の地にいかなる経緯によりキリスト教を基盤とする学校が建設されたのか。創立に重要な役割を果たした一人である押川方義の人生を辿っていくと、横浜における「初週祈禱会」の出来事へ到達する。宮城学院のキリスト教の源流ともいえる、初週祈禱会について確認し、それが歴史の中で有した意味、現在の宮城学院にとって持つ意味を考えたい。

二〇二二年と一五〇年前の諸事

宮城学院の名称であり所在地である宮城県に関連して、日本近現代史を回顧する機会となる事柄が二〇二二年に二つあった。

一つは夏の全国高等学校野球選手権大会において、深紅の大優勝旗が白河の関を越えたことである。社会的な注目度は高いといえ、高校スポーツの一種目での東北勢初優勝が日本近現代史と結びつくのは「白河の関」に込められた思いである。戊辰戦争での敗戦以後、薩長土肥を主体とする明治政府側から「白河以北一山百文」と言われたのが東北の地だったからである。[1] その意味で白河の関を越えるとは単に物理的あるいは地理的な事象としてだけではなく、日本近現代史において東北に向けられた蔑視や抑圧をはね返すといった象徴的意味をも有した。

もう一つは、宮城県一五〇年を迎えたことである。「宮城県は、一八七二年（明治五年）二月一六日（旧暦一月八日）、旧仙台藩を中心とする「仙台県」から改称する形で成立し、二〇二二年（令和四年）二月一六日に誕生一五〇周年を迎えました」[2]。これは明治政府が中央集権的な行政遂行のために「県」を設置し、旧来の「藩」を廃止するという「廃藩置県」の国家政策により実施された。

そして二〇二二年に一五〇年を迎えた諸事を観察していくと、興味深いことに「近現代日本のかたち」とでもいった形姿が浮かび上がってくる。前述した宮城県成立にも看取される中央集権的な国家政策は「琉球処分」としても実行された。「一八七二年九月、王府は「維新慶賀使」派遣の要求に応えて、王族の伊江王子を正使とする使節団を東京へ派遣した。明治天皇と謁見した慶賀使一行は、その場で国王尚泰を「琉球藩王」として冊封する詔書を渡され、琉球は外務省の管轄となる。「冊封」という東アジアの伝統的な国際関係を模した形で、明治政府（天皇）と琉球（藩王）の関係性が明確化されたのである」[3]。この結果、歴史的に東アジア諸国・諸地域の結節点の役割を果たしてきた琉球から、日本の「沖縄県」へと位置づけが変わっていった。

二〇二二年は「鉄道一五〇年」を記念した年でもある。「日本の鉄道は新橋（現在の汐留）―横浜（現在の桜木町）から始まったが、その前一八七二（明治五）年六月一二日（太陽暦、以下同）、品川―横浜間で先行（仮）開業していた。この時は一日二往復（翌日から六往復）で途中無停車、品川発九時、一七時、横浜発八時、一六時で両駅間の所要時間は三五分であった。……同年一〇月一四日、晴れて新橋―横浜間が正式開業となり、翌一五日（一四日は式典のみ）から一般営業が開始された。新橋―横浜間に一日九往復」[4]。これを端緒としてやがて日本全国に鉄道網が巡らされた現在の状況へと至ったのである。もっとも現在では全国的な鉄道ネットワークにおいて乗車人員の少ない路線の存廃が社会的課題となっている。この点についてはキリスト教の状況とも関連させつつ後述することとしたい。

そして本稿との関連で注目したい一五〇年がある。二〇二二年七月一五日に『横浜海岸教会一五〇年史』が発刊された。日本で最初に刊行されたプロテスタント教会一五〇年史である。それは横浜海岸教会こそが、日本で最初に誕生したプロテスタント教会だからである。横浜海岸教会は「初週祈禱会」の出来事から誕生した。『横浜海岸教会一五〇年史』から該当部分を抜粋して引用する。「日本の正月二日、すなわち一八七二年二月一〇日の朝、塾生である篠崎桂之助がJ・H・バラを訪れ、自分たちも初週祈禱会を開きたいので、正午から一時まで会堂を貸してほしいと言ってきた。外国人たちはもう何年も前から世界のために祈っているのだから、自分たちもこの日本のために祈りたいというのである。バラは喜んで賛成し、出席を承諾した」[5]。一年の初頭を祈りから開始する、初週祈禱会の志がバラ塾で英語を学んでいた日本人青年たちから起こった。現在の感覚からすると初詣のキリスト教版のようなイメージが浮かぶが、日本社会で初詣が一般化するのはこれより後のことであるので、時間の前後関係上その影響は考えられない。そして注目すべきは「日本のために祈りたい」との志である。個人的な事柄のみを祈願するのではなく、社会が激動する時代の只中で自分たちの国のために祈り、日本の将来を思う。初週祈禱会に集まった青年たちにとって「日本」が重大な関心事であり、これからこの国がどのような道を歩み、どのような形をとっていくかということが共通の課題意識であった。

この点において一五〇年前に生起した諸事は偶発的同時性のようでありながら、近代日本の黎明期にあって「国を形づくる」意識という点で通底するものを看取することができる。無論、それぞれの出来事に関わった一人ひとりの社会的また実存的背景によって構想する「国」の形姿は異なり、相対立する事柄をも含んでいた。にもかかわらず「国を形づくる」ことが一八七二年当時を生きた人々に共通する時代精神であった[7]。

初週祈禱会の様子

前述のような時代背景の中で生起した初週祈禱会の様相については、植村正久が二十年後に回顧した文章に詳しい。

海岸基督教会は、社会の状況かくのごとくなりし最中に生まれ出でたるなり。明治三年の頃よりジェームズ・バラ氏、家塾を開きて英学を教授居られしが、その門に出入りするもの尠なからず、蓋し当時横浜は英学の中心にてありしかば、諸藩の士人、ここに集まりて多くの外人に就きて語学を修めたり。バラ氏の門に出入したる人々にして、今朝野の間に名を知らるるに至りたる官人、紳士許多あり、中にも数名の少年らは、英学を修むるの余暇、時々キリスト教の講談に耳を傾け居たり。この輩大いに感ずるところありて、明治五年正月（旧暦）バラ氏に乞うて、西洋人のなすがごとく、初週の祈祷会を開けり。これ日本国において、祈祷会を催すの初めなり。これを開くの日、バラ氏はいかなることに感じたりけん、壁上の黒板にイザヤ三十二章十五節の一句を取り、聖霊の濺がるる云々の文字を記し、使徒行伝を開講し、最も熱心にペンテコステの章を説明せり。会するものおよそ三十名、今まで祈祷の声を発することなかりし甲祈り、乙これに次ぎ、或いは泣き、或いは叫びて祈りするもの互いに前後を争うがごとくにありき。バラ氏は予て伝え聞きたるリバイバルのことを羨み、親しくその時節に遇うこともがなと希望せしことなきにあらざりしが、面りに一大リバイバルを見たる心地せりという。蓋し未だバプテスマも受けしことなく、公然祈りをなせしことなく、その間際まではいかなる宗教思想を抱きつつあるやを知らざりし数名の少年が、俄然自ら希望してかかる有様に立ち至りしものなるをもって、その驚愕一方ならず。(8)

この文章から観察されるのは、会を包んでいる興奮と熱気である。バラによる聖書イザヤ書三二章一五節[9]と使徒行伝（使徒言行録）中ペンテコステ（聖霊降臨）の章（二章）の講解がなされると、集った青年たちがそれぞれに声を発して祈り出したというのである。しかも「バプテスマも受けしことなく、公然祈りをなせしことなく」と記されているように、キリスト教洗礼を受けておらずそれゆえ当然に教会における祈りのことなど知識としては知る由もない者たちによる祈りであった。[10]加えて初週祈禱会当時は「切支丹禁制」がまだ解かれていない。一八七三（明治六）年二月二四日にいたって日本政府は、太政官布告第六八号によりキリシタン禁制の高札を撤去した。キリスト教入信を可とする社会環境が整ってはじめてキリスト教信仰者が生まれたのではなく、禁教下に行われた初週祈禱会が日本最初のプロテスタント・キリスト教会設立への胎動となった。

押川方義にとっての初週祈禱会の意味

教会の存在しなかった地に教会が誕生する、いわば「無から有」の出来事が、「聖霊降臨」としての初週祈禱会を契機に生起した。そして宮城女学校創設に関わる押川方義が連なっていた。押川はキリスト教の洗礼を受け、日本基督公会（後の横浜海岸教会）設立に参与した。教会設立当日の模様は『横浜海岸教会一五〇年史』で次のように記されている。

洗礼式は、はじめに小川、仁村の両人が一人ひとりに試問し、のちに教師自らそれぞれ数個の試問をなし、生徒一同謹んで答えるという形で進められ、洗礼に及んだ。その日の受洗者は次の九名である。竹尾録郎、篠崎桂乃助、安藤劉太郎（関信三の偽名で諜者）、進村（櫛部）斬、押川方義、吉田信好、佐藤一雄、戸波捨郎、大坪正之助。

この洗礼式が終わると、バラは「私が日本に来て以来、はじめての喜びであります」と言って両眼より大粒の涙を流したという。

そのあとバラは、朝の集会で長老に選ばれた小川を前に座らせ、教師ブラウンと共に按手の礼を施して次のように語った。「神の命を受けて今日はじめての公会を建て、小川さんを長老の官に選びました。これもまた私共の力にあらず、ひとえに神のなすことなり、ゆえにいま我、耶蘇キリストに代わり、小川さんを長老と立て彼に長老の権を授けます。あなたたち今後は何事もこの人の命令に従い和睦してこの教えを広め、外国教師の手を借りずとも道を伝えてこの国を守るよう励みたまわんことを願います」。

バラ自身は「仮牧師」となった。元来バラは「日本人の教会は日本人の手で」と考えていたが、まだ日本人で教職にある者がなかったので、日本人牧師が誕生するまでの「仮」であるとの意味をこめたのであろう。(11)

以上が押川を含む初週祈禱会からキリスト入信へ至ったメンバーの洗礼式と教会設立のなされた三月一〇日の様子である。なお洗礼者の中に「諜者」と注記された日本政府のいわばスパイが存在している。宣教師とそこに集まる人々の言動は諜者を通じて詳細に政府へ報告されており、同時に禁教下で記録を保存できなかったはずの教会活動について、その実態を克明に再現できるのは諜者報告書の存在による。

ところで、押川のキリスト教入信へ決定的な影響を与えたのは、宣教師バラの人格的感化と祈りの内実であった。「初週祈禱会――これはその後、一か月も続くのであるが――の中で、押川はバラの「神よ、わが日本を救い給え」という祈りを聞いた。これが押川とキリスト教との決定的な接点・出会いとなり、押川のキリスト教への回心となる」(12)と押川についての伝記に記されている。押川自身の言によれば「或る時バラー先生が祈禱の中に「吾国」と云ふ言葉を聞いた。嗚呼実に彼れの熱誠は、自国語と外国語とを混同するほどであった。自分は此の熱誠に動かされ真から心を改めた」[13]とある。ここから二つの点を指摘しておきたい。一つはバラの祈りを通して、押川における「国」理解に変革が生じたことである。先に述べたように、当時の時代精神として青年たちは「日本」という国の将来とそこに関わる自身の生き方を模索していた。その彼らにとって国と言えば「日本」であることは自明であった。けれどもバラの祈りは、押川が理解した国という前提を覆した。バラは日本のために熱心に祈って「吾国」と言う。アメリカ国籍のバラが、日本の国を我が事として自国として捉えている。そのことで押川は「真から心を改め」悔い改めたと語っている。換言すればバラにとってのアメリカ、押川にとっての日本といった国への意識が、キリスト教的超越の下に相対化され、キリスト教スピリットに基づいて各国の進路や将来を考究するという意識への転換が生じている。キリスト教伝統において重視される「主の祈り」に「御国を来たらせ給え、御心の天になるごとく地にもなさせ給え」との言があるが、押川はバラの祈りに接することを通して、「神の国と我が国」のキリスト教的連関に人生の新しい進路を見出したのである。

もう一つの点は、押川のキリスト教入信において「国」意識が強すぎ、キリスト教の中心的使信であるイエス・キリストによる贖罪すなわち贖罪信仰が背景化してしまっているのではないか、信仰の実存的把握において希薄なのではないかという疑念である。結論的なことを先に記せば、そうした疑念ないし批判はキリスト教をめぐる現代日本社会の状況に引き付け過ぎるところに生じるもので、押川の入信に対しては当を得ていないと考えられる。繰り返し述べてきたように国の将来と自らの人生の将来とが一体化して意識されていた時代状況にあっては、国のことを考えることは何よりも真剣に実存的であったからである。さらに傍証としては先の引用で示したように、押川らの受洗にあたっては教師と信徒によるキリスト教信仰についての試問がなされ、それへの誠実な回答と誓約をふまえて洗礼式が執行された事実においても贖罪信仰が不明なままで洗礼を受けたとは考えにくい。

またこの洗礼がキリスト教禁教下であったという事実も重要である。一八六七年に潜伏キリシタンたちが流罪となった「浦上四番崩れ」から時間的に遠くない状況下で、イエス・キリストの十字架へと復活の信仰に対する確信がないままに、キリスト教入信を命がけで決断することは不可能である。「当時、キリスト教は悪の宗教であり、とりわけ愛国心を破壊するという見方が広く行き渡っていた。そのような宗教への信仰を公にすることは、あらゆる財産と世的な希望を完全に失い、時には死の危険を伴うことも意味した。……彼らは世的な地位と栄誉の見込みか、十字架につけられたキリストの謙卑かどちらかを選択するよう求められた。しかし彼らは後者を選んだ」[14]と後年に宮城女学校や東北学院で押川と共に活動した、藤生金六は述べている。

社会的な不利益や不名誉さらには死に直結しかねないキリスト教入信を支えたのは、十字架と復活のキリストへの信仰であった。むしろ押川はキリスト教信仰を狭義での個人的実存の枠内にとどめなかった。説教の筆記録で次のような内容が残されている。「霊の人とは、クリストの如き人を云ふことで、クリストの如くなるとは、世から離れるのではなく、世に行わたるのである。商売もし、事業もし、学問もし、政治もすることであるが、然し其の商売、事業、学問、政治に一身を埋めるのでなく、更に大ひなる目的を以て此等の務を尽すものである。……一事一物に執着せず、何事をするにも、一等上の大ひなる霊の心得を以てする人が即はち霊の人である。仕事に拘つらはず、習慣に拘つらはず、肉に拘つらはず、心の霊の為に尤も考え、心の霊の為に尤も尽力する人が即はち霊の人である」[15]。この説教は誌面掲載年からみて宮城女学校や東北学院の設立と運営の大事業をなしている押川の弁である。さらに実業界、政界で活動していく押川自身を語っているかのような言葉である。

社会のどの部分で活動している時でも押川の根底にあったのは「一事一物に執着せず、何事をするにも、一等上の大ひなる霊の心得を以てする人」という姿勢であった。ここでの「霊」とは聖書に記され、キリスト教信仰における三位一体の一位格である聖霊を指している。上なる聖霊に導かれることを心得るとは、押川が若き日に経験した初週祈禱会における祈りの出来事の言語化である。そして人生で果たすべき使命についての祈りが、「一身を埋めるのでなく、更に大ひなる目的を以て此等の務を尽す」神の国建設という大目的として語られている。祈りから始まった押川のキリスト教的使命観が提示されている。

現代の私たちと「初週祈禱会」

視点を一五〇年前から現代に移して、「初週祈禱会」から現在の宮城学院に受け継がれる事柄を考えたい。年頭にあたって一同が集い聖書を開き祈るという初週祈禱会、日本プロテスタント教会の歴史冒頭にあった出来事は、現在の宮城学院にも教職員新年礼拝として受け継がれている。先に資料から確認した「初週祈禱会」の様相と宮城学院新年礼拝とを比較するならば、顕著な違いは参集者個々人による祈りの発声の有無という点にある。けれどもキリスト教信仰の本旨からすれば、祈りが有声であるか無声であるかの相違は本質的な問題ではない。一年が巡り来る毎に実施される新年礼拝が形式的年中行事ではなく、この共同体の中で自らに委ねられている務めと諸事を究極的に支えかつ高次な目的が何であるかを一年の劈頭にあたって確認する。押川の表現によれば「一事一物に執着せず、何事をするにも、一等上の大ひなる霊の心得を以てする人が即はち霊の人である」ことを再確認するのが礼拝の場である。それは宮城学院の源流にある「初週祈禱会」と現在の宮城学院とを精神的霊的に直結させ、建学の根底にあるキリスト教の使信を確認することでもある。またそのことはキリスト教徒であるか否かに関わらず宮城学院の共同体全構成員に関わっている。なぜなら「初週祈禱会」の出来事が伝えているのは「未だバプテスマも受けしことなく、公然祈りをなせしことなく、その間際まではいかなる宗教思想を抱きつつあるやを知らざりし」者たちに祈りと志が生起した事実だからである。

そして「初週祈禱会」と現在を考えることは、一五〇年前に構想された「国のかたち」が歴史的過程や幾多の社会変動を経て、転換期が到来しているという現実を認識し、将来への方策を構想していくことでもある。一五〇年という節目は回顧と展望の機会でもある。このことを一〇〇年前に指摘していたのは植村正久である。

「教会の五十年、鉄道の五十年」という文章を著し、「鉄道満五十年の記念は必ずや、事実上後の進歩の機会を作り、その面目を一新する端緒となるであろう。況や教会五十年の回顧とその期間における経過の検閲とは、より深き意味において、後の進歩発達の機会を与うべきである」[16]と述べ、さらに「日本におけるキリスト教の五十年」で論を進めて、日本のキリスト教会五十年の歴史において「機会はいかに用いられたのであるか。彼らなせしことは何であるか。なさざりしこともまた何であるか。神の恩寵に照らしてこれら功罪を数え来たり、かつ感謝し、かつ悔やみて、志を立て、新たなる進歩の線路を敷きて、五十年の経験を活かすは、いわゆる恩寵の手段の最も有効なる応用であろうと信ぜられる。……吾人は時の徴候を解釈して、歴史の教訓を味わわねばならぬ」[17]と訴えた。植村は、鉄道の歴史を振り返って政府が今後の鉄道伸展と交通政策立案を開始している。鉄道にしてそうならばキリスト教会はそれ以上に、この五〇年間の歴史を批判的視点も伴って検証し、未来に向けて伝道政策を立案すべきことを指摘した。

このように横浜を起点として全国へと広がった鉄道とキリスト教会は現在どちらも、新型コロナウイルス感染症パンデミックの影響を受け、より長期的には日本社会の少子化傾向と人口減という社会変動に直面している。昨今様々に報道されているように、日本全国への鉄道網整備を担ってきたJR各社は地方路線の収支悪化によって苦境に立たされている。企業体として経営構造改善のためには地方の不採算路線での設備縮小さらには廃線もやむを得ないとされる状況にあり、その場合には東北地方の鉄道路線が甚大な影響を受けることは免れ難い[18]。そして一五〇年の歴史で横浜を起点として全国に路線を伸ばした鉄道と、鉄道を利用した伝道者の活動によって全国へ枝が拡げられていった教会[19]は、現在において社会状況の変化による同様の困難に直面している。各地の地方教会が過疎化・高齢化による成員減少また専従伝道者を招聘不可能な状況に向かっている。教会はこの現状と未来予測に対してどのような将来構想を提示していくのか。企業の経営的判断と類似した思考により地方の小人数教会を廃止し続ける対応に終始するならば、やがて広範囲な教会不存在地域が出現し、そのことはキリスト教学校とりわけ地方に存立する学校を直撃することになる。植村が鉄道と教会五〇年の歴史時点で述べたことと同様、一五〇年の今にあっても「機会はいかに用いられたのであるか。彼らなせしことは何であるか。なさざりしこととまた何であるか」を吟味検討し、「志を立て、新たなる進歩の線路を敷」こうとする神学的かつ伝道社会学的政策の立案が求められている。

地方とりわけ東北の地にあるキリスト教学校が上述課題を考究するにあたり準拠枠となり得るのは「東北を日本のスコットランドに」という押川方義の言である。前後を含めた文脈としては「今日は色々、有益なる話を本多（庸一）君や服部（綾雄）君にきゝ、まして、東北に身を委ねて伝道するのは貧乏籤を引きあてたものであると云ふ事をきゝ、ましたが何んぞ謀らん自分は、此の東北の地をして日本のスコットランドたらしむる覚悟である、決して貧乏くじとは思わない……[20]」と語っている。押川はプロテスタント・キリスト教と東北の地とが結び合わされることによって、「白河以北一山百文」的な価値観を超える新しい可能性、歴史と日本の将来へ貢献する道筋を見出し、この一言へ込めた。「スコットランド」という表現で、イギリスの「国のかたち」を日本におけるる「国のかたち」へ応用することが考えられている。イギリスはより正確な国名としては「グレートブリテン及び北アイルランド連合王国」であり、それぞれ独自の歴史や文化を有するイングランド、ウェールズ、スコットランド、北アイルランドが連合して一つの主権国家を構成している。それになぞらえて押川は東北地域の文化的歴史的固有性を積極的に肯定的に提示し、それを通して日本という国が各地域の歴史的・文化的固有性や多様性を併せ持つ「国のかたち」を形成することを提唱した。それは近代日本政治が中央集権的で単一的な国のかたちを志向し、その結果として東北を国内植民地的な取り扱いとするのとは別様な「国のかたち」の提示であった。しかもスコットランドは宗教改革者ジョン・ノックスはじめ、プロテスタント教会の中でもとりわけ改革長老派信仰の基盤を有している。その意味で同じイギリスでも英国国教会の中心地であるイングランドとは異なる宗教文化を形成している。押川は東北の地と改革長老派キリスト教との邂逅により「此の東北の地をして日本のスコットランドたらしむる覚悟」を示した。この精神を宮城学院は継承している。「多文化共生」という現代のグローバル世界に共通する課題を、「東北」地域の文化的歴史的固有性の学問的探求を通して社会へ発信していく。それが「初週祈禱会」において一五〇年前に押川が見出した、キリスト教による新しい「国のかたち」を現代において受け継ぐことになる。

※　本稿は宮城学院キリスト教講座「宮城学院の源流をたどる　初週祈禱会という出来事」(二〇二三年一月一〇日)での発表を文字化し大幅な加筆修正を加えて改題したものである。

(1) 宮城県の地方紙「河北新報」の題号はここに由来する。「明治維新いらい東北地方は「白河以北一山百文」と軽視されていた。河北新報は「東北振興」と「不羈独立」を社是として一八九七(明治三〇)年一月一七日に創刊された」(毎号一面に掲載)。また、同じく二〇二二年夏の選手権大会で準決勝に進出した、聖光学院高校(福島県伊達市)校歌と宮城学院とのつながりについては稿を改めて記す機会を持ちたい。
(2) 宮城県一五〇周年記念特設サイト https://miyagi150th.pref.miyagi.jp/150years/ (二〇二三年一月九日最終確認)。
(3) 前田勇樹「「琉球処分」の一四〇年」『つながる沖縄近現代史』前田ほか編、ボーダーインク、二〇二一年、二八頁。
(4) 木村嘉男「「新橋—横浜間」時刻表の変遷をたどる」『鉄道一五〇年物語』旅と鉄道増刊二〇二二年一〇月号、天夢人、八〇頁。
(5) 『横浜海岸教会一五〇年史』横浜海岸教会一五〇年史編さん委員会編、日本キリスト教会横浜海岸教会、二〇二二年、四二頁。
(6) 現在のような初詣の風習は乗車員数増による増収を目論んだ鉄道会社のキャンペーンから日本社会へ定着した。「初出は明治十八年(一八八五)の東京日日新聞で、川崎大師について触れたもののようだが、頻繁に使われるようになったのは明治三十年代になる」(藤井青銅『「日本の伝統」の正体』新潮社、二〇二一年、二二頁)とされている。
(7) 植村正久は幕末から明治への時代状況を評して「日本国を改築するの端、ここに開け、一転して国家の組織を改め、再編して廃藩置県ちょう政治上の改革となりたり。時勢は更に方向を転じて、制度の変革、工業上の進歩を見るに至れり。論理上の順序としてこの次に起こるべき革命は、心霊上に関するものにあらずして何ぞや」と述べている。植村正久「日本帝国最首のプロテスタント教会」（明治二五）『植村正久著作集6』新教出版社、一九六七年、七三頁。

(8) 前掲書、七三―七四頁。

(9) 聖句内容は次の通り「ついに、我々の上に霊が高い天から注がれる。荒れ野は園となり園は森と見なされる」。引用は『聖書　新共同訳』（日本聖書協会、一九八七年）による。

(10) 拙論「植村正久とP・T・フォーサイスの祈祷論――日本の教会における祈り理解の問題」『ピューリタニズム研究』日本ピューリタニズム学会、二〇一二年、四〇―四八頁においては、「初週祈禱会」から始まるキリスト教的祈りの特質を植村正久の理解に沿って論じた。

(11) 『横浜海岸教会一五〇年史』四五頁。

(12) 藤一也『押川方義そのナショナリズムを背景として』燦葉出版社、一九九一年、三七頁。

(13) 藤『押川方義』三九頁。出典は『東北文学』創立満二十五年紀念特別号、明治四十四年七月と記。

(14) K. Y. Fujiu, "The Yokohama Band" *The Japan Evangelist*, December, 1895, 87-91. 藤生金六は、相馬黒光『黙移』によって広く知られるようになった宮城女学校「ストライキ」事件に関わっており、E・R・プールボーによる一八九二年の書簡の中で「藤生氏は、手紙の冒頭でこの紛争の源と言われた人物です」（『E・R・プールボー書簡集』学校法人宮城学院発行、二〇〇七年、二三一頁）と名指しで非難されている。その後、藤生は東京・下谷教会牧師時代には田村直臣『日本の花嫁』弾劾の際の日本基督教会大会議長であった。さらに後には会津伝道に従事し、若き日の野口英世に洗礼を授けている。

(15) 川合道雄『武士のなったキリスト者押川方義管見（明治篇）』近代文藝社、一九九一年、五二頁。引用部分に先立って「明治二十三年十一月十九日の「女学雑誌」（第二四一号）「霊の人の説」（安藤たね子筆記）は押川方義の説教を抜粋、掲載したものだ」と出典が記されている。同書著者・川合道雄の父が川合信水であり、東北学院に入学してから押川を師として尊敬し、交流が長く続き多くの書簡が交わされた。信水は「基督心宗教団」を設立する。その活動内容については、マーク・R・マリンズ『メイド・イン・ジャパンのキリスト教』高崎恵訳、トランスビュー、二〇〇五年、特に一一一―一二七頁に詳しい。

(16) 植村正久「教会の五十年、鉄道の五十年」（大正一〇）『植村正久著作集2』新教出版社、一九六六年、一〇六頁。

(17) 植村「日本におけるキリスト教の五十年」（大正一〇）『著作集2』一〇四頁

(18) 先にJR東日本が公表した路線・区間ごとの経営情報によれば、一〇〇円の収益を得るために要する費用金額を示す「営業係数」(一〇〇未満であれば黒字、一〇〇以上なら赤字)において二〇二〇年度に「陸羽東線鳴子―最上二二一四九、磐越西線野沢―津川一七七〇六」と東北地方の鉄道路線が不採算路線・区間の上位に位置している(松本典久「とても厳しい鉄道会社の現状」『ニッポンの鉄道を応援する方法１００』旅と鉄道二〇二一年一一月号、天夢人、一四頁)。

(19) 鉄道を利用したキリスト教伝道活動の歴史的エピソードについては、拙論「伝道――〈道を伝えること〉と〈道で伝えられること〉」『聖学院大学総合研究所 Newsletter』一九―四、二〇一〇年、四―五頁参照。

(20) 藤『押川方義』三〇〇―三〇一頁。初出は『東北文学』創立満二十五年紀念特別号、明治四四年七月。

9　宮城学院中学校高等学校墓前礼拝（二〇二二年九月九日）

大久保直樹

主を畏れることは知恵の初め
聖なる方を知ることは分別の初め。

（箴言九章一〇節）

29イエスはお答えになった。「第一の掟は、これである。『イスラエルよ、聞け、わたしたちの神である主は、唯一の主である。30心を尽くし、精神を尽くし、思いを尽くし、力を尽くして、あなたの神である主を愛しなさい』。31第二の掟は、これである。『隣人を自分のように愛しなさい』。この二つにまさる掟はほかにない」。

（マルコによる福音書一二章二九―三一節）

毎年、創立記念行事の中一墓前礼拝のときにここで歌っています。聖書の授業で宮城学院の歴史を学んだときも歌ったかも知れません。お墓の前で歌うって、あんまり無いかもですが、ちょっとお聞きください。曲名は「赤とんぼ」。

♪　夕焼け小焼けの赤とんぼ
　　おわれてみたのはいつの日か

聞いたことある人？　歌ったことある人？　小学校で習いました？　この「赤とんぼ」の三番を次に歌います。

♪　十五で姐《ねえ》やは嫁にゆき
　　お里のたよりもたえはてた

子守の奉公（仕事）をしていた女性が一五歳でお嫁に行った……。この歌の作者は三木露風という方で、大正一〇（一九二一）年に発表されています。宮城学院の創立年月日はいつでしたか？　今度の期末テストに出ますね？　一八八六年明治一九年九月一八日。ということは、「赤とんぼ」が作曲された一九二一年というのは、宮城学院創立から三五年経った頃ということになります。ただ、この歌の作者三木露風さんは、この歌を子ども時代の経験を元に作っているので、作曲したときは大正一五年でも、彼が思い出す自分の子ども時代の風景は明治時代ということになります。まさに宮城学院が設立された頃にもっと近づくと言うことができます。

当時どのくらいの数の女性が一五歳で結婚したのかどうかというお話は別にして、このような歌詞が生まれるということは女性が一〇代で結婚するということは決して珍しくなかったということは言えると思います。今みなさんは一二歳もしくは一三歳。あと二、三年で結婚なんてとても考えられないと思います。当時の日本の様子を想像するとき、今よりもずっと貧しい人が多く、その上兄弟姉妹が五、六人いても当たり前、七人、八人、九人、一〇人いたって珍しくないような時代。お父さん、お母さん、おじいさん、おばあさんも一緒に住んでいたら、家族は一〇数人です。男は勉強をし、女は勉強しなくてもいい、幼い頃から自分よりももっと小さい弟や妹の世話をしたり、お掃除、洗濯、お裁縫をし、言葉遣い、礼儀作法を身に着けて、一〇歳過ぎればお嫁に出て行けるように……そんな時代だったのです。

みなさんは文化祭や探求学習や新聞やテレビなどのニュースなどで世界にはまだまだたくさんの女性が勉強する機会を奪われている、学びたくても学ぶことができない女性がいっぱいいることを知っていると思います。みなさんと同じ年齢で結婚し、出産をする。しかも自分の望んだこととしてではなく……。そんな女の子たちが今、わたしたちが生きてる時代になお、多くいるのです。時代や国、状況は異なっても、以前の日本にも同じような時代があったのです。

でもそれではいけない。いつかすべての日本の女性にも学ぶ機会を！　女性が学ぶことで、男女同権の世の中となりこの国がより豊かになる、そのために、聖書の教え・キリスト教精神に基づいた女子校を！　そのような願いが明治時代の日本に生まれ、この宮城仙台の地には、やがて宮城女学校初代校主となる押川方義先生ら日本人クリスチャンたちがいて、そしてまた、海外のキリスト教会にいて、みなさんのような日本にいる若い魂にキリストの福音を、神の愛、神の平和を伝え広めたいという、初代校長プールボー先生ら多くの海外のクリスチャンの人々の願いとが一致して、日本にたくさんのキリスト教学校が設立されることとなったのです。

初代校長のエリザベス・リズィー・プールボー先生が神さまを信じて信仰告白をしたのは皆さんと年齢が近い一五歳の頃。その後、高校を卒業後、中学校の先生を数年間したりしながら、特に女性に対して神さまのこと、イエスさまのことを伝えたいと強く思うようになったのでした。「私を日本に行かせてください！」という希望を出したのは三〇歳の頃でした。

また、彼女と一緒に日本に来た男性宣教師のウィリアム・E・ホーイ先生が日本に行って神さまのことを伝えたいという願いを書いた文章は次のような篤い思いがあふれたものです。

私は『すべての造られたものに福音を宣べ伝えよ。』という神の声をきいて、外国伝道に生涯を献げることを決心しました。異教の人々の間にあってキリストのために働くことが、正《まさ》しく私の義務であり、神の呼びかけの声に従わないようなことがあれば、それは神の前に大きな罪をおかすことになると考えました。私は此の神の呼びかけに是非とも応えねばならないと考えています。今、日本伝道に献身する者を求めている訴え文を読んで、私は感激で身震いがするほどです。私は福音の宣揚（広く世の中にはっきりと示すこと）のためならば、たとい地の果てまでも出向く心がまえが出来ています。神は私に異教の地へ行けと命じておられますので、私は私の全生涯を外国伝道のために献げます。是非とも私を採用してください。(1)

当時二六歳です。実は彼らと共に日本に来た女性宣教師がもう一人います。宮城学院最初の教師となったメアリー・B・オールト先生。彼女が日本に行くことを希望したのは二一歳の頃でした。これらの若い宣教師たちと共に既に、アメリカの改革派教会宣教師バラ先生から洗礼を受けて、東北地方でキリスト教を伝えることに従事していた押川方義先生（当時三四歳）らが宮城女学校を設立したのでした。

日本にある多くのキリスト教主義学校と同じように、海外からの宣教師によるキリスト教伝道と教育、そしてもちろん海外にある関係する多くの教会に支えられて、宮城学院の今があります。神さまの愛・キリストの愛を伝え、その愛に生きる人を育てるミッションを持つ学校として建てられ、今なおそのミッションは受け継がれているのです。

一三六年前に多くの人の祈りと篤い思いによって建てられた宮城学院に繋がっているみなさんが、その祈りと思いを引き継ぎながら、今の時代をそして未来を生きる上で、常に立ち返るところは、スクール・モットー『神を畏れ、隣人を愛する』です。

今日もこうして新しく命を与えられ、こうして生きることができている、生かされている、このわたしたちが生きる上で神さまから一人ひとりに託されている使命＝ミッションがきっとあります。具体的に将来どのような職業につき、どのように生きるのかというのもまたミッションのひとつと言えるでしょう。でも同時に今日という日を、今このときを、日々与えられている命をどのように生きるのか、そのことに心を留めながら歩むこともまたわたしたちにとって大切なミッションではないでしょうか。

今日もまた「神を畏れ、隣人を愛する」ことのできるわたしたちでありたいと願います。

（1）『天にみ栄え――宮城学院の百年』学校法人宮城学院、一九八七年、一二五頁。（　）内は大久保による。

おわりに――私立キリスト教学校（大学）を思う

「フォルムがたえず自由を喚起する」は三島由紀夫の言葉である。フォルムが創造主体を刺激するという。であるならば私立キリスト教学校（大学）のフォルムは、主体である教育共同体の存在や活動の創造源でもある。フォルムの三要素の私立・キリスト教・学校（大学）を概観することによって私立キリスト教学校を掘り下げてみる。

＊＊＊

「私立」は自由と責任を伴う。一六二〇年プリマスに着いたメイフラワー号の乗員一〇二名の約三割の三〇名が未成年者だった。アメリカ移住を決意した分離派がオランダで経験した課題は、自分たちの信仰や文化を子弟にどのように継承するかであった。

彼らは、プリマス到着一六年目に早くも小さな私塾で牧師養成や子弟の教育を始めた。やがて、資金や蔵書を寄付した人物の名を冠したアメリカ最古の大学ハーバード大学へと成長してゆく。

ピルグリム・ファーザーズたちの子弟教育の使命観は宗教改革のものでもあった。以前は修道院や聖堂においてカトリック教会の児童や婦女子の教育がなされていた。「神は両親を通して、両親と共に教育を行おうとして、家政・親権という秩序を設定させた」と宗教改革者ルターは考えた。親の教育優先権を神学的に明らかにしたのである。しかし、親をそのまま教育者とするのではなく、有効で正しい教育のためには公による学校が神の要求に応えると考えた。また、それは公の職務上の義務であるとも考えた。神への奉仕と人々への奉仕を目的とする学校教育は、必然的にキリスト教学校設立へと結びついた。

＊＊＊

「キリスト教」は基盤である。寄付行為に記されている建学の精神には、学校設立の理念や教育の目的が示されている。私立学校存在の基盤は、創立者の人物にではなく創立者が有していた理念すなわちキリスト教信仰にあった。課題は、教派の伝統を尊重しつつ今日においてそれをいかに正しく継承し実践するかである。

第一は、私的ではなく公の校事としての学校礼拝の存在である。説教と礼典を行う学校教会の設立は必然であるが、礼典のない学校礼拝での説教は、学校が立ちも倒れもする礼拝の要である。

第二は、聖書に関する必修科目の存在である。講義は、教室で語られるものであるが故に、キリスト教文化の啓蒙にとどまらず福音や説教を裏付ける学問的確証にふれることが肝要である。

第三は、組織を実際に運営する人材である。教派の伝統に配慮しつつも理事会や宗教主事などの要職に適齢適材を配置するよう心砕かねばならない。学校と諸教会との連携は重要になる。

＊＊＊

「学校（大学）」は人間を創る。西洋は、十字軍によって当時の先進文化アラブと遭遇した。アラビア語書籍などにより医学、数学、天文学、建築など多くの知識を吸収し、農業や産業の進展につなげた。やがて、古代ギリシア哲学やローマ法の復興期を迎えた。古典自由七学芸などの高等教育は永続的な学問機関にまでは組織されていなかった。ボローニヤやパリにおいて学部や学寮や学科課程を備えた教育機構が整えられた。学芸学部、神学部、法学部、医学部の四学部から成る大学の始まりである。神に奉仕し人々に奉仕する人材の養成である。哲学部や自然科学部の創設に象徴される諸学の独立は一九世紀のドイツの大学からのことである。

神学部を持たず実学の工学部を併設する大学の設立は、一八八六年の帝国大学令による帝国大学〔東京大学〕が史上初である。他方、一八六三年の横浜のヘボン塾〔明治学院〕や一八七五年の同志社英学校設立など日本各地にキリスト教学校が設立される。

＊＊＊

今日、学力は「知識・技能」「思考力・判断力・表現力」「学習意欲」の三要素に定められている〔学校教育法三〇―二〕。知識を学び、それを用いる知恵を得る。さらに、知識と知恵を備えた主体の人間性を涵養する。それは、私立キリスト教学校の教育目的と共鳴する。

あとがき

過去を心に留めて今を生きることは、将来に繋がる現在を生きることでもあります。時代の繋がりは、特にキリスト教学校においては、「スクール・モットー」や「建学の精神」として示されます。本書は、宮城学院の過去に焦点を合わせておりますが、それは同時に、現在を照らし未来を指し示すものと考えております。

本書に収載された各論考の初出は以下の通りです。

1　佐々木哲夫「理念の継承――ドイツ改革派教会と宮城学院」『宮城学院資料室年報』二九号、二〇二四年、三―一二頁。
2　佐々木哲夫「資料室の使命」『宮城学院資料室年報』二八号、二〇二三年、三―六頁。
3　佐藤亜紀「宮城女学校第七回生の夫たち――顔写真特定と目歯比率」『宮城学院資料室年報』二九号、二〇二四年、四一―五六頁。
4　サディ・リー・ワイドナー「バイブル・ウーマンの活動」『宮城学院資料室年報』二六号、二〇二〇年、二一―二五頁。
5　栗原健「明治期における宮城女学校のバイブル・ウーマンの活動――明治後期の年次報告から」『宮城学院資料室年報』二六号、二〇二〇年、三六―四九頁。

6　小羽田誠治「『橄欖』成立の歴史とそこに見る生徒の「自主」」『宮城学院資料室年報』二七号、二〇二一年、五一一八頁。

7　栗原健「あらたなる希望の花を胸に秘め――宮城女学校生徒による短歌の世界（一九一〇年―一九四〇年）」『宮城学院資料室年報』二七号、二〇二一年、一九―三四頁。

8　松本周「宮城学院と『初週祈禱会』――押川方義を介して」『宮城学院資料室年報』二八号、二〇二三年、七―一五頁。

9　大久保直樹「宮城学院中学校高等学校墓前礼拝――二〇二二年九月九日」『タリタ・クム――宮城学院のキリスト教教育』二〇二二年、宮城学院中高宗教部、一一五―一一八頁。

おわりに

佐々木哲夫「私立キリスト教大学を思う」『大学時報』四一二号、日本私立大学連盟、二〇二三年九月、六二―六三頁。

＊＊＊

以下に、「東日本大震災追悼」宮城学院教職員礼拝の説教を収載し、過去を心に留めたいと思います。

「死は勝利にのみ込まれた」

（二〇二一年三月一一日、宮城学院礼拝堂）

説教者　佐々木哲夫

聖書箇所　詩編一三九編七－一二節
コリントの信徒への手紙第一　一五章五二－五五節

一〇年前のことになります。二〇一一年三月一一日、東日本大震災が起きました。亡くなられた方、行方不明になられた方は、合わせて二万人を超えたと報告されております。本日、宮城学院礼拝堂に集う私たちも、少なからず被災者であり、震災体験の共有者です。亡くなられた方にとっての命日であるこの日、生かされているものの証として、追悼の意を表する礼拝を守ります。

私たちは、あの時も、そして今も、地震がどのように起きたかについて考えるだけでなく、なぜあれほど多くの人が亡くなってしまったのかについて考えてしまいます。「普通に暮らしていた人々、実直で勤勉な人々が、なぜあのような目に遭わねばならなかったのか。神さまは善良な人をなぜ酷い目に遭わせるのか」など色々な思いが湧き上がってきます。この問いかけにヨブの友人のように因果応報の考え方によって説明しようとしてもなかなか答えは見つかりません。生き残った人が、亡くなった人の死を合理的に説明しようとしても、心底納得できる答えを見出すことは容易でありません。不条理についてヨブが次のように語っています。

ある人は、死に至るまで不自由なく、安泰、平穏の一生を送る。
ある人は、死に至るまで悩み嘆き、幸せを味わうこともない。
（ヨブ二一・二三、二五）

ヨブの嘆きのように、私たちも、震災の犠牲者の死について、何かしら不条理の感情を抱きます。しかし、時の経過とともにその思いは縮小し、日常生活という現実に戻っています。コヘレトは、次のように語っています。

昔のことに心を留めるものはいない。
これから先にあることも
その後の世にはだれも心に留めはしまい
（コヘ一・一一）

生きているものは、少なくとも知っている
自分はやがて死ぬ、ということを。
しかし、死者はもう何ひとつ知らない。
彼らはもう報いを受けることもなく彼らの名は忘れられる。
（同九・五）

これが現実なのでしょう。とはいえ、「死者は川の向こうの世界へ行ってしまったので、生きている者の世界とは断絶している」と簡単に間仕切ることは難しいことです。

精神科医で心理学者のビクトール・フランクルという方がいました。第二次世界大戦の時に、ナチのユダヤ人収容所アウシュビッツ収容所に入れられたのですが、終戦によって奇跡的に解放された人です。解放後に体験記『夜と霧』を著したことで知られています。フランクルは、解放の翌年、ウィーン市民大学で三回連続の講演を行いました。その中で語った「ある死刑囚」の例え話が思い出されます。次のような話です。

ある男が死刑の判決を受け、処刑の数時間前に、最後の食事の献立を好きなように考えてよいと言われたとします。看守が独房に入ってきて、男の望みを尋ね、いろんな美味しい食べ物の提供を申し出ます。けれどもこの男は、どんな申し出も跳ねつけます。この男にしてみれば、ほんの数時間後に死体になる運命のこの有機体の胃の中に、美味しい食べ物を詰め込もうと詰め込むまいと、全くどうでもいいことなのです。今ならまだ、まさにこの有機体の大脳細胞に快感を起こすことも可能です。けれども、二時間経てばすべての神経細胞が死んでしまっているだろうという状況を考えると、その快感も無意味です。

この男の言うことが正しいとするならば、時間の猶予は人さまざまですが、結局すべての人が死に直面するのですから、楽しみは人生に決定的な意味を与えるものではないということになります。確かに、楽しみがあるかないかで、人生の価値が決まるものではありません。聖書は死者について次のように語っています。

死者は復活して朽ちない者とされ、わたしたちは変えられます。この朽ちるべきものが朽ちないものを着、この死ぬべきものが死なないものを必ず着ることになります。この朽ちるべきものが朽ちないものを着、この死ぬべきものが死なないものを着るとき、次のように書かれている言葉が実現するのです。「死は勝利にのみ込まれた。死よ、お前の勝利はどこにあるのか。死よ、お前のとげはどこにあるのか」。

（Ｉコリ一五・五三―五五）

死者は、死を超越する時の流れの中にいるのです。死んだものも生きているものも、共に、復活に至る同じ永続する時の中にいるのです。換言するならば、生きている者にとって楽しみがあるなしではなく、今生きることが重要なのです。「なぜあの人たちは死んでしまったのだろうか」を問うのではなく、「自分はなぜ、今、生かされているのだろうか。命あるこのとき、私は一体何ができるのか。人生の何が自分を必要としているのか」を問うべきなのです。

私たちは、死者をも生かす光の中に生きています。生きることとは、死者と共に永遠の時を歩むということです。自分に託されている命を担う者として、東日本大震災被災の方々に思いを寄せつつ、追悼の意を表したいと思います。

〈執筆者紹介〉（執筆順）

佐々木哲夫（ささき　てつお）
宮城学院理事長・学院長、宗教総主事

佐藤亜紀（さとう　あき）
宮城学院資料室職員、資料室運営委員

飯塚久榮（いいづか　ひさえ）
宮城学院女子大学名誉教授

栗原　健（くりはら　けん）
宮城学院女子大学一般教育部准教授、大学宗教センター長

小羽田誠治（こはだ　せいじ）
宮城学院女子大学一般教育部教授

松本　周（まつもと　しゅう）
宮城学院女子大学一般教育部准教授

大久保直樹（おおくぼ　なおき）
宮城学院中学校高等学校教諭、宗教主事

宮城学院に連なる人々——ドイツ改革派の理念の継承

2025年1月30日　初版発行

編　者　佐々木哲夫
発行者　渡部　満
発行所　株式会社　教文館
〒104-0061 東京都中央区銀座4-5-1
電話 03(3561)5549　FAX 03(5250)5107
URL　http://www.kyobunkwan.co.jp/publishing/

印刷所　株式会社　平河工業社

配給元　日キ販　〒112-0014 東京都文京区関口1-44-4
電話 03(3260)5670　FAX 03(3260)5637

ISBN　978-4-7642-9208-6　Printed in Japan